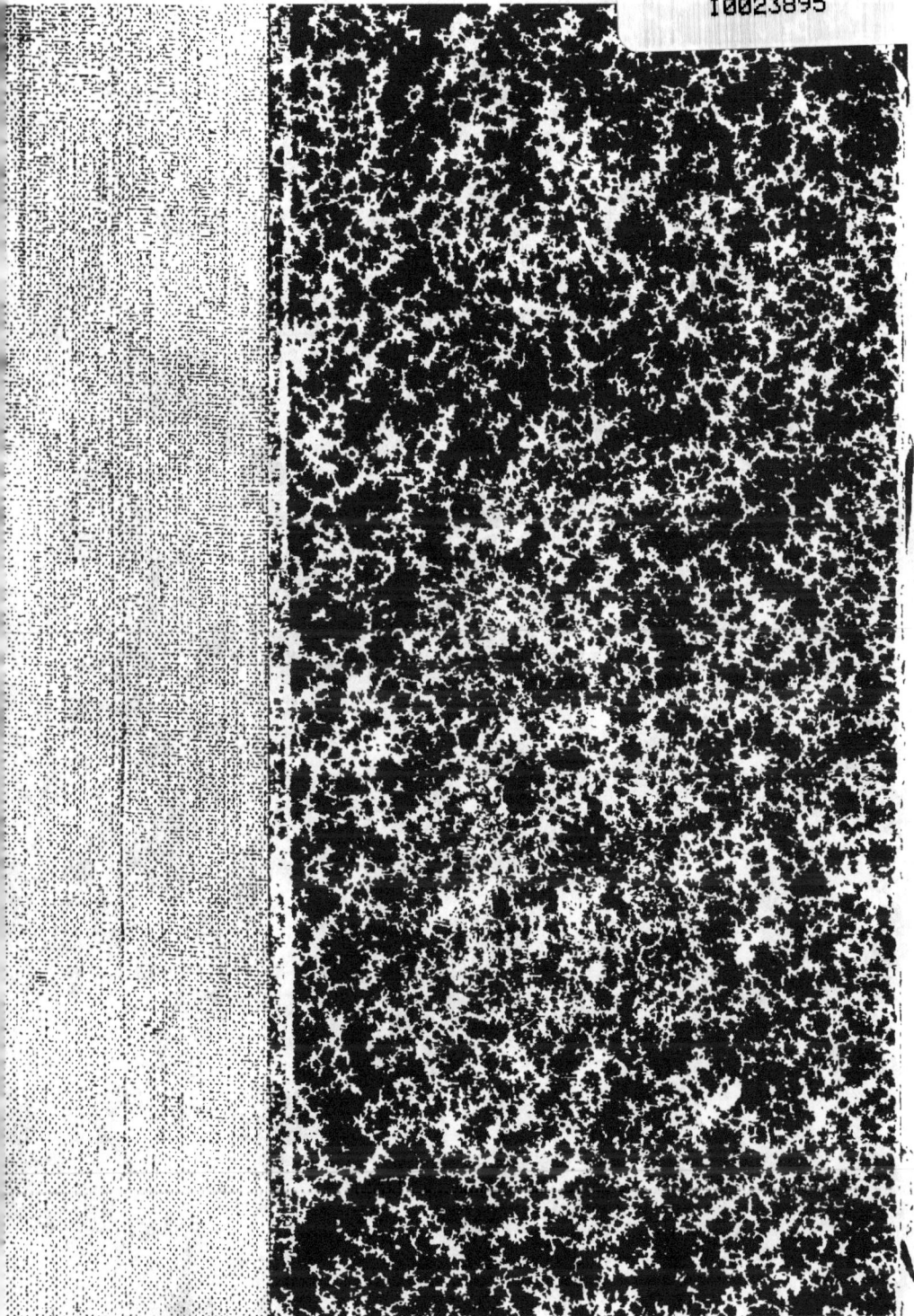

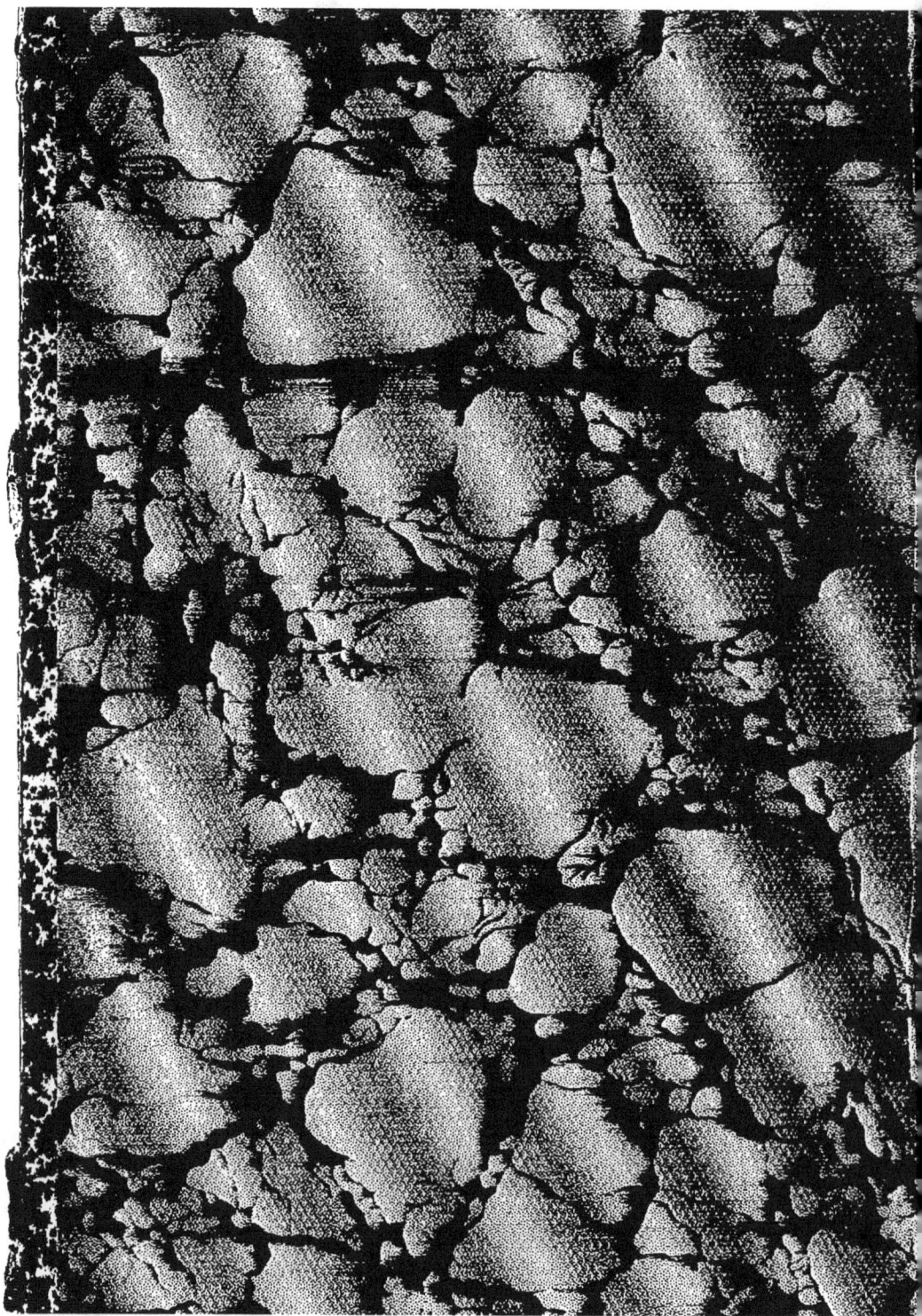

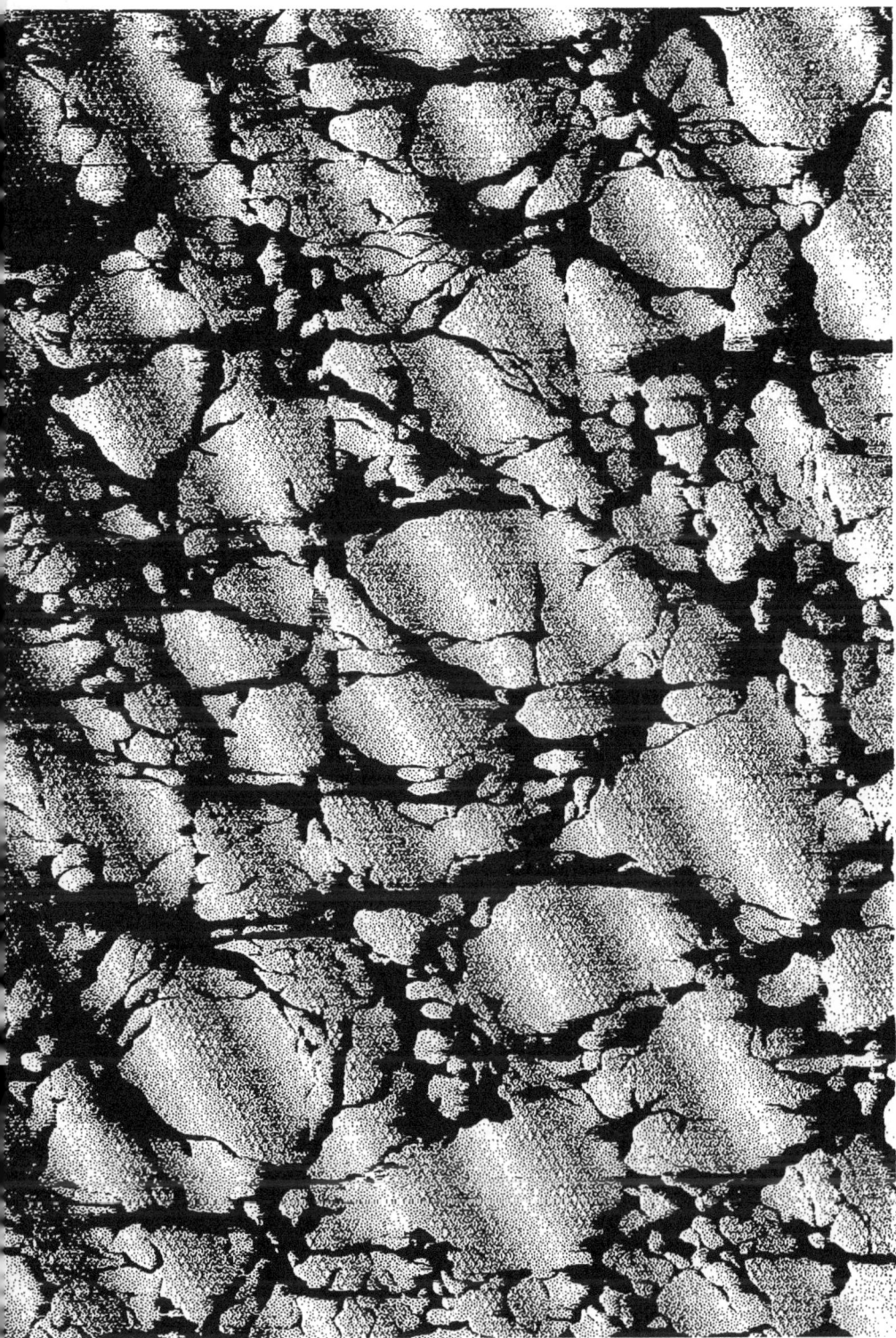

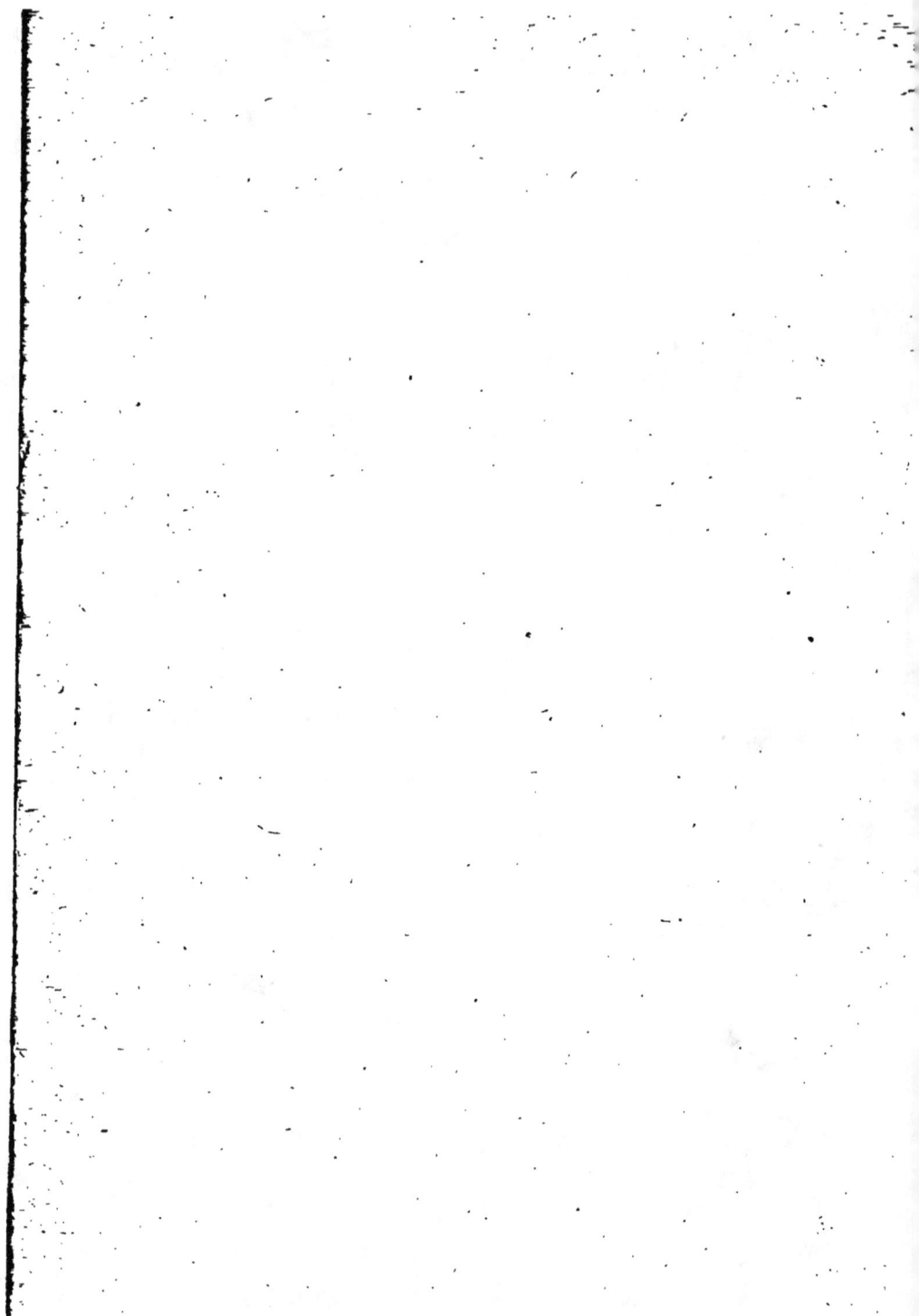

COLLECTION MICHEL LÉVY

— 1 franc le volume —

Par la poste, 1 fr. 25 cent. — Relié à l'anglaise, 1 fr. 50 cent.

A. DE LAMARTINE

J.-J. ROUSSEAU

SON FAUX CONTRAT SOCIAL

ET

LE VRAI CONTRAT SOCIAL

PARIS

MICHEL LÉVY FRÈRES, LIBRAIRES ÉDITEURS

RUE VIVIENNE, 2 BIS, ET BOULEVARD DES ITALIENS, 15

A LA LIBRAIRIE NOUVELLE

J.-J. ROUSSEAU

OUVRAGES

DE

A. DE LAMARTINE

PUBLIÉS DANS LA COLLECTION MICHEL LÉVY

POISSY. — IMP. ET STÉR. DE A. BOURET.

J.-J. ROUSSEAU

SON FAUX CONTRAT SOCIAL

ET LE VRAI CONTRAT SOCIAL

PAR

A. DE LAMARTINE

PARIS

MICHEL LÉVY FRÈRES, LIBRAIRES ÉDITEURS

RUE VIVIENNE, 2 BIS, ET BOULEVARD DES ITALIENS, 15

A LA LIBRAIRIE NOUVELLE

—

1866

J.-J. ROUSSEAU

PREMIÈRE PARTIE

I

La politique spéculative a été en tout temps l'exercice le plus important et le plus passionnant des hautes intelligences parmi les écrivains (j'en excepte toutefois les religions, exercice plus relevé encore des spéculations humaines). Les fondateurs de religions sont les oracles réputés divins; les écrivains politiques sont les législateurs des nations. Les premiers gravent en traits de foudre les dogmes éternels ou imaginaires dans la conscience; les seconds

1

ecrivent en caractères de pierre ou de bronze les tables des lois ou les constitutions des sociétés politiques.

Moïse, Zoroastre, Brama, Confucius, Solon, Lycurgue, Numa, furent de grands écrivains religieux et politiques; Aristote en Grèce, Cicéron dans l'Italie antique, Vico dans l'Italie moderne, Beccaria dans l'Italie d'hier, Montesquieu en France, furent des commentateurs et des dissertateurs érudits de ces législateurs primitifs, des critiques de génie des législations et des constitutions civiles des peuples. L'expérience et la raison tinrent la plume de ces sages; ils ne se livrèrent jamais aux séduisantes idéalités ae leur imagination pour éblouir et fasciner les hommes par des perspectives d'institutions fantastiques qui donnent les rêves pour des réalités aux peuples; ils respectèrent trop la société pratique pour la démolir, afin de la remplacer de fond en comble par des chimères aboutissant à des ruines; ils étudièrent consciencieusement la nature de l'homme sociable dans tel temps, dans tels lieux, dans telles mœurs, à tel âge de sa vie publique, et ne lui présentèrent que des perfectionnements graduels ou des réformes modérées, au lieu de ces rajeunissements d'Éson qui tuent les empires sous prétexte de les rajeunir ; en un mot, ces écrivains, les yeux toujours fixés sur l'expérience et sur l'histoire, ne furent ni des rêveurs, ni des utopistes, ni surtout des radicaux.

Le radicalisme, ai-je dit il y a longtemps à la tribune de mon pays, n'est que le désespoir de la logique. Quand on ne sait pas tirer parti des réalités, on s'impatiente contre les sociétés, et on se jette dans ces violences de l'esprit qu'on appelle le *radicalisme*.

Les radicaux sont des rêveurs dépaysés dans les réalités ; l'impossible est leur punition : ils n'ont pas assez d'esprit pour comprendre les imperfections nécessaires des sociétés, composées d'êtres imparfaits.

La première de leurs erreurs est de croire à la perfectibilité indéfinie de l'homme fini. Ils ne font ni lois ni constitutions pour les peuples, ils font des poëmes; leurs plans de sociétés sont l'*opium* des imaginations malades des peuples; l'accès de délire qu'ils donnent aux hommes finit par des fureurs, et les fureurs finissent par l'anéantissement des sociétés. La barbarie recommence par l'excès de civilisation.

II

Le premier de ces écrivains législateurs de songes et constructeurs d'utopies politiques fut Platon en Grèce.

J'ai voulu relire récemment sa constitution, modèle qu'il présente aux hommes comme un type des sociétés politiques accomplies; j'ose déclarer en toute conscience que le délire d'un insensé joint à la férocité d'un scélérat ne pouvait jamais arriver aux excès d'absurdité et aux excès d'immoralité de ce prétendu sage, tombé en folie et en fureur pour avoir trop bu l'idéal dans la coupe de l'imagination.

Esprit et cœur, sa *République* est en tout le
paradoxe de Dieu, le contre-pied de la nature,
le roman de l'homme, depuis l'égalité des
biens, aussi impossible à réaliser que le niveau constant des vagues sur la surface inces-
samment mobile de l'Océan; depuis la communauté des produits, produits aussi impossibles à
répartir qu'à créer, puisque la répartition suppose l'infaillibilité divine dans le gouvernement, et que le produit lui-même suppose
l'uniformité du travail dans l'oisif, qui con-
somme sans rien faire, et dans l'homme laborieux, qui travaille sans salaire; depuis la destruction de la famille, ce nid générateur et
conservateur de l'espèce humaine, pour remplacer le père et la mère par une maternité
métaphysique de l'État, qui n'a pas de lait, et
par une paternité métaphysique de l'État, qui n'a
pas d'entrailles; depuis la communauté des
femmes, qui change l'amour en bestialité, jusqu'à la communauté des enfants, qui détruit

la piété filiale en défendant aux enfants de connaître leur père; depuis le meurtre des nouveau-nés mal conformés, pour épurer la race, jusqu'au meurtre des vieillards, pour écarter des yeux le spectacle de la décadence et la céleste vertu de la compassion.

Il ne manque au code du divin Platon que l'anthropophagie pour être le cloaque contre-nature et contre-humanité des immondices de la turpitude, de la démence et de la brutalité humaine, la Divinité renversée, le paradoxe de Dieu, de l'homme, de la femme, du vice et de la vertu, folie de l'orgueil philosophique qui, pour ne pas penser et sentir comme tout le monde, pense comme un fou et sent comme un criminel de lèse-nature et de lèse-Divinité.

Encore une fois, voilà le divin Platon devenu utopiste en politique et voulant refaire l'œuvre de Dieu mieux que Dieu, et composant une société avec des rêves, au lieu de la composer avec les instincts de la nature; et voilà ce que l'on fait admirer, sur parole, à des enfants, pour pervertir en eux l'entendement par l'admiration pour l'absurde ! Arrachez à cet homme ce surnom de *divin Platon*, et transportez-le à Socrate, l'homme du bon sens et de la réalité, qui épluchait trop sans doute, mais qui ne découvrait ses principes que dans la nature des choses et dans les instincts révélateurs de toute sagesse et de toute institution pratique digne du nom de *société*.

III

Ces philosophes de l'utopie, ces élucubra-
teurs de principes sociaux en contravention
avec les traditions éternelles de la politique,
de la nature; ces hommes qui se glorifient
d'être *seuls* et de penser à l'écart des siècles et
des traditions sociales; ces constructeurs de
nuages, comme les appelle le poëte véritable-
ment divin (Homère), ont été communs dans
tous les temps et dans tous les peuples, surtout
dans les temps de décadence et dans les peuples
en révolution. La Grèce bavarde, le Bas-Empire
stupidifié par la servitude, le moyen-âge

1.

romain, fermentant d'un christianisme mal
compris, corrompu par Platon, rêvant le règne
de Dieu sur la terre, déconseillant le mariage,
ce joug divin du couple humain, poussant les
hommes et les femmes dans le célibat ascétique
pour amener la fin du monde, tuant le travail
et la famille par la communauté des biens et
par l'égalité démagogique du nivellement dans
la misère, faisant le monde viager et indigent,
au lieu de le faire, comme le Créateur l'a fait,
perpétuel par la propriété, patrimoine de la
famille; l'Italie oisive, l'Allemagne rêveuse,
l'Espagne mystique, l'Allemagne somnambule,
la Hollande brumeuse, l'Angleterre audacieuse
d'originalités excentriques, pullulèrent plus
tard de ces machinistes de sociétés idéales,
jeux d'osselets quelquefois terribles, comme
les anabaptistes d'Allemagne et les jacqueries
en France.

La France, le sol du sens commun, fut le pays
où germèrent le moins ces pavots enivrants des

chimères sociales, et où ces poisons soporifi-
ques moururent le plus tôt. Fénelon, presque
seul, trop séductible par l'imagination et par
le cœur, popularisa dans son *Télémaque* ces
idées impraticables de Platon et de Morus ; il
fit innocemment beaucoup de mal en ôtant aux
Français le sentiment du réel en politique, et
en les jetant dans les vagues rêveries de l'im-
praticabilité. Son *Salente* est la capitale de
l'absurde.

On comprend, en lisant cette législation des
songes, que Louis XIV, cet esprit simple, et
Bossuet, ce génie de l'autorité, éloignèrent
Fénelon du gouvernement des peuples et de
l'éducation des princes. Les peuples vivent de
vérités applicables, et les princes qui rêvent
sont réveillés en sursaut par les catastrophes.
Fénelon n'était nullement politique : il était ce
que nous appelons *socialiste*, c'est-à-dire poète
du paradoxe, fabuliste de la société.

Quand on étudie bien les origines de la Révolution française, dans sa partie chimérique, radicale, niveleuse et révoltée contre la nature, la propriété, la famille, de Mably à Babeuf, on ne peut s'y tromper, le catéchisme de cette révolution sociale est dans *Télémaque*. Fénelon est un démagogue chrétien et doux, qui sème des vertus, et qui se trouve n'avoir semé que des passions affamées qu'il ne peut nourrir que d'ivraie.

Son économie politique, qui supprime le travail en supprimant ce qu'il appelle le luxe, le luxe, cette chose sans nom, mystère inexplicable entre le consommateur et le producteur, seul mobile et seul répartiteur du travail, seul créateur de la richesse, cette économie politique de Fénelon serait le suicide de l'humanité, si l'humanité se laissait gouverner par la rhétorique, au lieu de se gouverner par les instincts de Dieu et du bon sens.

IV

Après Fénelon, J.-J. Rousseau fut le grand
et fatal utopiste des sociétés. Il s'inspire évidemment de Fénelon, qui s'était inspiré de
Platon. Ainsi les erreurs ont leur séduction
comme les vérités : en remontant de siècle en
siècle jusqu'à l'origine du monde, les sophistes
s'engendrent et se perpétuent en génération de
rhéteurs.

Quand il se rencontre parmi ces rhéteurs
sociaux un écrivain plus inspiré, plus éloquent, plus contagieux que les autres, et quand
la naissance de cet écrivain, souverain de l'er-

reur, coïncide avec un ébranlement moral
ou avec un cataclysme politique des institutions de son pays, alors son utopie, au lieu de
trouver simplement des lecteurs qui se com-
plaisent au bercement de leur imagination par
ses rêves, cet écrivain trouve des sectaires pour
propager ses chimères, et des bras pour exécuter ses conceptions.

Tel fut, au crépuscule de la Révolution fran-
. çaise, J.-J. Rousseau.

Mille fois plus éloquent que Platon, mille
fois plus passionné que Fénelon, aussi poétique
que le sophiste grec, aussi religieux que l'ar-
chevêque français, né à une époque où le vieux
monde féodal mourait, où la France sentait
déjà remuer dans ses flancs l'embryon d'une
révolution radicale, l'enfant de Genève,
J.-J. Rousseau, presque Allemand par la
Suisse, sa patrie, presque sectaire par le fanatisme de Genève, son berceau, presque factieux
par l'esprit de démocratie humiliée respiré

dans la boutique de l'artisan son père, presque
Français par la vigueur de sa langue et par
le classicisme de l'éloquence française, con-
tigu à la Suisse, frontière d'idées comme de
territoire ; républicain dans une petite république toujours en fermentation ; ennemi
des grands et des riches, parce qu'il était
petit et pauvre, J.-J. Rousseau semblait préparé par les circonstances, par le temps, par
sa nature, au rôle de tribun des sentiments
justes et des idées fausses qui allaient se li-
vrer dans le monde la lutte révolutionnaire à
laquelle nous assistons encore depuis soixante
ans.

V

A lui seul il était une propagande ; pourquoi ?
Parce qu'au lieu d'écrire comme Platon, avec
l'imagination seule; comme Morus et Vico,
avec l'érudition seule; comme Fénelon, avec
la charité seule, J.-J. Rousseau fut un des
premiers écrivains en France qui écrivirent avec
l'âme.

L'âme est la littérature moderne ; l'âme,
c'est l'homme sous les mots ; l'âme est la muse
souveraine et convaincue des écrivains qui re-
muent les masses et le monde.

Ceux-là naissent avec leur rhétorique dans

leur cœur; ils allument parce qu'ils sont allumés. Leurs idées peuvent être fausses, leur style peut être inculte, mais leur sentiment les sauve et les immortalise quand leur âme a touché l'âme de leur siècle. Ils se répandent, pour ainsi dire, par le contact, dans la fibre, dans les veines, dans le *sensorium* de l'humanité. Ils font des masses et des siècles des échos du battement de leurs cœurs; ils vivent en tous, et tous vivent en eux.

Nous ne voulons pas dire par là que l'âme de J.-J. Rousseau fût ce qu'on appelle une belle âme, une âme plus riche que les autres; loin de nous cette pensée. Nous la croyons, au contraire, une des âmes les plus subalternes, les plus égoïstes, âme *comédienne* du beau, âme hypocrite du bien, âme repliée en dedans autour de sa personnalité maladive et mesquine, au lieu d'une âme expansive se répandant, par le sacrifice, sur le monde pour s'immoler à l'amour de tous; âme aride en vertu et fertile en phrases; âme jouant les fantasmagories de la vertu, mais rongée de vices sous le sépulcre blanchi de l'ostentation, âme qui, pour donner la contre-épreuve de sa nature, a les paroles belles et les actes pervers. Nous voulons dire seulement que J.-J. Rousseau fut le premier écrivain français de sentiment.

De là son éloquence intime, la plus pénétrante et la plus palpitante des éloquences, au lieu de l'éloquence extérieure qui fait plus de bruit que d'émotion; un Démosthène de solitude, dont la parole a le charme de la confidence au lieu de l'apparat du discours; un séducteur à voix basse, qui corrompt son élève sous prétexte de lui confesser lui-même ses honteuses immoralités.

Mais, si c'est là son vice comme moraliste, c'est là sa force comme écrivain. Il est intime parce qu'il est confiant, il est nu parce que son style et lui ne font qu'un, il dit tout parce que son entretien est un tête-à-tête avec lui-même ou avec son lecteur. C'est l'homme qui vous enveloppe le plus de son individualité, en s'ouvrant à vous sans réserve. Semblable au serpent boa des forêts d'Amérique, il vous dévore en vous aspirant.

VI

Aussi le plus immortel de ses livres, ce sont les *Confessions;* tous les autres de ses ouvrages sont déjà à moitié morts, à l'exception des *Confessions,* vivantes par le charme, et du *Contrat social,* vivant par ses conséquences, qui se déroulent encore dans les faits européens.

« Pour connaître l'eau, » disent les Persans, « il faut remonter à la source. »

Pour se rendre compte du génie littéraire et des sophismes sociaux de J.-J. Rousseau, il faut le suivre de son berceau, dans une boutique d'horloger, jusqu'à sa tombe, dans le jardin d'un grand seigneur de Paris.

Ame cynique dans son enfance, vicieuse dans sa jeunesse; soif de la gloire, par le paradoxe dans sa vie d'écrivain; recherche dédaigneuse de la société aristocratique dans son âge mûr; affectation de la popularité démocratique par le cynisme du désintéressement et par la pauvreté volontaire dans ses dernières années; démence évidente et suicide problématique à la fin.

Voilà l'homme : tout sceptique par sa nature, par sa vie et par sa place dans la société dont il est la victime par sa faute, et dont il devient l'ennemi par l'envie et par l'ingratitude.

Le récit de cette épopée d'un aventurier de génie, écrit par le héros et par l'auteur, est le poëme de la démocratie tout entière. C'est dans la vie du grand démocrate qu'il faut chercher, à travers quelques mensonges, la vérité sur l'écrivain et sur ses œuvres, avant de passer à l'appréciation de ses principes.

VII

Le père de J.-J. Rousseau était horloger; un horloger à Genève est plus qu'un artisan, c'est un artiste et un commerçant. La grande manufacture d'horlogerie avait alors son centre dans cette Suisse, où la vie pastorale s'unit depuis le moyen-âge à la vie industrielle, lui conservant les mœurs pures, tout en accroissant la modeste richesse des familles.

La mère de J.-J. Rousseau était fille d'un ministre calviniste. Cette jeune personne avait reçu de la nature un esprit délicat, et de son père un esprit cultivé. Elle descendait sans

fausse honte aux plus humbles fonctions du
ménage, elle se livrait sans prétentions aux
lectures les plus solides et les plus élégantes de
la vie lettrée. On peut croire que cette mère
donna, avec le sein, à son enfant, cette pré-
destination aux choses de l'esprit et cette sensibilité souffrante de l'âme qui forme le fond
du caractère de Rousseau. Elle mourut malheureusement avant de pouvoir lui donner ses
vertus. Son père, qui avait laissé sa femme
jeune, belle et seule à Genève pour devenir
horloger du sérail à Constantinople, donna sans
doute à ce fils son goût d'aventures et de désordre. Ces deux filiations firent plus tard de
Rousseau un enfant impressionnable, un écrivain sublime, un rêveur chimérique et un philosophe vicieux.

« Je n'ai pas su, dit-il dans le premier cha-
» pitre de sa *Vie*, comment mon père sup-
» porta cette perte de ma mère; mais je sais
» qu'il ne s'en consola jamais : il croyait la

» revoir en moi sans pouvoir oublier que m
» naissance lui avait coûté la vie. Jamais il n
» m'embrassa que je ne sentisse, à ses soupir
» et à ses convulsives étreintes, qu'un regre
» amer se mêlait à ses caresses : elles n'e
» étaient que plus tendres. Quand il me di
» sait : — Jean-Jacques, parlons de ta mère; j
» lui disais : — Eh bien, mon père, nous a
» lons donc pleurer? et ce mot seul lui tira
» des larmes. — Ah! disait-il en gémissan
» rends-la moi! console-moi d'elle? remplis l
» vide qu'elle a laissé dans mon âme! T'ai
» merais-je ainsi si tu n'étais que mon fils
» Quarante ans après l'avoir perdue, il est mo
» dans les bras d'une seconde femme, mais l
» nom de la première dans la bouche et so
» image au fond du cœur.

» Ma mère avait laissé des romans; nous le
» lisions après souper, mon père et moi. Il n'é
» tait question d'abord que de m'exercer à l
» lecture par des livres amusants; mais bientô

» l'intérêt devint si vif que nous lisions tour à
» tour, sans relâche, et passions les nuits à cette
» occupation. Nous ne pouvions jamais quitter
» qu'à la fin du volume; quelquefois mon père,
» entendant le matin les hirondelles, disait tout
» honteux : — Allons nous coucher : je suis plus
» enfant que toi. »

Quelles délicieuses pages! Combien un écrivain qui sait puiser dans la vie familière le
pathétique simple des scènes intimes, et fait
d'une veillée entre un vieillard, un enfant et
le souvenir d'une mère morte, un drame muet
qui remue le cœur dans des millions de poi-
trines, combien, disons-nous, un tel écrivain
doit-il être, à son gré, le maître des cœurs,
ou l'apôtre des vérités ou le roi des sophismes?

VIII

Une tante, qui chantait en cousant près de la fenêtre, donna à l'enfant les délices et le goût de la musique. Le *Devin du village* vint de là. Tous nos goûts sont des réminiscences.

Des détails puérils ou orduriers déparent et salissent ces belles sérénités de la première scène.

Le père était de nouveau sorti de Genève. L'enfant recevait une éducation mercenaire à la campagne; il y puisait, avec des vices prématurés, une passion vraiment helvétique de

a campagne, ce sourire de Dieu dans la nature.

Cette passion de la campagne, cette frénésie
de la solitude et de la contemplation, devin-
rent les deux notes de son talent. C'est la ville
qui fait les vices; c'est la campagne qui fait les
vertus.

C'est elle aussi qui fait les poëtes. Rousseau y
devint éloquent et pieux, mais il y devint aussi
rêveur. La nature donne l'imagination, mais les
hommes seuls donnent le bon sens. Rousseau
fut trop l'élève des arbres, des eaux, des vents,
du ciel, du soleil, des étoiles; il lui aurait
fallu en même temps l'éducation d'une mère
tendre et d'un père laborieux : tout cela lui
manqua. Plus de mère, et un père errant qui
aimait, mais qui abandonnait les enfants d'un
premier foyer pour en chercher un autre à
travers le monde: de là l'isolement et bientôt
l'égoïsme de l'orphelin, qui, se sentant délaissé,
se replia tout entier sur lui-même. Ce profond

et cruel égoïsme du jeune horloger en fit bientôt un vagabond sans patrie, parce qu'il était sans famille.

De sales amours, plus semblables à des turpitudes qu'à des affections, souillent à chaque instant ces pages de jeunesse, ignoble philosophie des sens dont les images font rougir la plus simple pudeur ; sensualités grossières ; fleurs de vices dans un printemps de sensations que Rousseau fait respirer à ses lecteurs et à ses lectrices, et dont il infecte l'odorat des siècles.

Ces tableaux orduriers jouent la naïveté pour la corrompre ; ils rappellent ces théâtres licencieux de Paris, au dernier siècle, où l'on faisait jouer à l'innocence le rôle prématuré du vice et où l'on sacrifiait des enfants à la sacrilége licence des spectateurs.

Ces ordures des *Confessions* n'offensent pas moins le goût que les mœurs. La corruption n'a pas de goût ; ce n'est que l'infection de l'esprit, comme le vice est l'infection du cœur.

Rousseau scandalise et déprave ici, au lieu de charmer. Quelle excuse peut alléguer un peintre de mœurs qui croit tout faire adorer de lui, jusqu'à ses immondices? Rousseau se croit-il donc le grand-lama de l'Occident, pour faire embrasser comme des reliques les plus viles traces de son humanité?

Ces vices de goût, ces abjections d'images, sentent les inélégances natales d'un enfant sans mère qui prend ses polissonneries pour des phénomènes, et qui croit devoir les immortaliser comme des précocités de génie et d'originalité. Il y a de la crapule au fond de ce caractère comme il y en a au fond de cette vie.

IX

Placé en apprentissage chez un graveur de Genève, il prend l'exemple et le goût du libertinage, de l'oisiveté, de l'astuce et du vol domestique.

Ces goûts lui font rechercher la compagnie des plus mauvais sujets de l'atelier. Il s'enivre, paresseusement et sans choix, de lectures qui donnent le vertige à ses yeux et à son imagination; il devient incapable d'aucun emploi honnête et sérieux de ses mains; il s'évade de Genève sans avoir d'autre but que de fuir tout ordre réglé et tout travail utile d'une so-

ciété laborieuse; il veut de sa vie réelle faire
un roman d'aventures semblables aux romans
dont il est saturé. Il vagabonde au hasard; il
bat la campagne de Genève et de Savoie sans
savoir ce qu'il cherche et sans autre direction
que le hasard. Un curé l'abrite; un gentilhomme savoyard, convertisseur de calvinistes,
le sermonne et l'adresse à une charmante con-
vertie, madame de Warens, qui gouverne une
petite communauté de néophytes à Annecy,
femme d'étrange nature, de figure séduisante,
de mysticisme amoureux, de génie contradic-
toire, de bonté adorable, d'intrigue naïve, de
faiblesse maternelle, de générosité angélique au
milieu des plus pressantes angoisses de fortune.
La présentation de la lettre de recomman-
dation de Rousseau adolescent à cette jeune
et belle protectrice que Rousseau devait plus
tard aimer, ruiner, déshonorer et immortaliser; cette présentation est une véritable scène
du roman grec de *Daphnis et Chloé*. Rousseau la

décrit comme le génie de la jeunesse sait seul décrire un pressentiment de l'amour dans un paysage de la moderne Arcadie.

« Le lieu de la scène était un petit passage
» derrière sa maison, entre un ruisseau à main
» droite qui la séparait du jardin, et le mur de
» la cour à gauche, conduisant par une fausse
» porte à l'église. Prête à entrer dans l'église
» par cette porte, madame de Warens se re-
» tourna à ma voix. Que devins-je à cette vue?
» Je m'étais figuré une vieille dévote bien re-
» chignée; je vois un visage pétri de grâces, de
» beaux yeux bleus pleins de douceur, un
» teint éblouissant, des formes séduisantes;
» rien n'échappa au rapide coup d'œil du jeune
» prosélyte, car je devins à l'instant le sien, sûr
» qu'une religion prêchée par de tels mis-
» sionnaires ne saurait manquer de mener en
» paradis.

» Elle prend en souriant la lettre que je lui
» présente d'une main tremblante, l'ouvre,

» jette un coup d'œil sur la lettre de M. de
» Ponsverre (le gentilhomme qui le recomman-
» dait), revient à la mienne, qu'elle lit tout
» entière et qu'elle aurait relue encore si son la-
» quais ne l'avait avertie qu'il était temps d'en-
» trer. — Eh! mon enfant, me dit-elle d'un ton
» qui me fit tressaillir, vous voilà courant le
» pays bien jeune; c'est dommage, en vérité.
» Puis, sans attendre ma réponse, elle ajouta :
» Allez chez moi m'attendre; dites qu'on vous
» donne à déjeuner; après la messe, j'irai cau-
» ser avec vous... Elle avait vingt-huit ans.

    » Louise-Éléonore de Warens était une de-
» moiselle de la Tour de Pil, noble et ancienne
» famille de Vevay, ville du pays de Vaud. Elle
» avait épousé fort jeune M. de Warens, de la
» maison de Loys, fils aîné de M. Villardin
» de Lausanne. Ce mariage, qui ne produisit
» point d'enfants, n'ayant pas trop réussi,
» madame de Warens, poussée par quelque
» chagrin domestique, prit le temps que le roi

» Victor-Amédée était à Évian, pour passer le
» lac et venir se jeter aux pieds de ce prince,
» abandonnant ainsi son mari, sa famille et
» son pays par une étourderie assez semblable
» à la mienne, et qu'elle a eu tout le temps de
» pleurer aussi.

» Le roi, qui aimait à faire le zélé catho-
» lique, la prit sous sa protection, lui donna
» une pension de quinze cents livres de Pié-
» mont, ce qui était beaucoup pour un prince
» aussi peu prodigue; et, voyant que sur cet
» accueil on l'en croyait amoureux, il l'envoya
» à Annecy, escortée par un détachement de
» ses gardes, où, sous la direction de Michel-
» Gabriel de Bernex, évêque titulaire de Ge-
» nève, elle fit abjuration au couvent de la
» Visitation.

» Il y avait six ans qu'elle y était quand j'y
» vins, et elle en avait alors vingt-huit, étant
» née avec le siècle. Elle avait de ces beautés
» qui se conservent, parce qu'elles sont plus

» dans la physionomie que dans les traits ;
» aussi la sienne était-elle encore dans son
» premier éclat. Elle avait un air caressant et
» tendre, un regard très-doux, un sourire an-
» gélique, des cheveux cendrés d'une beauté
» peu commune, et auxquels elle donnait un
» tour négligé qui la rendait très-piquante.
» Elle était petite de stature, courte même et
» ramassée un peu dans sa taille quoique sans
» difformité ; mais il était impossible de voir
» une plus belle tête, un plus beau buste, de
» plus belles mains et de plus beaux bras. »

X

Madame de Warens et le clergé de la ville
envoient le jeune posélyte à Turin pour le
faire instruire et lui faire faire son abjuration
dans un hospice de catéchumènes. Il emporte,
dans son cœur ému, sa conversion déjà faite
dans l'image et dans le tendre accueil de la
charmante femme; son imagination est souillée
par les sordides exemples de débauche dont il
est témoin parmi les faux convertis de l'hospice des faux catéchumènes de Turin; il troque
sa religion contre un vil salaire. Abandonné à
lui-même, il est réduit à chercher du pain

dans la domesticité d'une riche famille pié-
montaise; des folies et des larcins l'en chas-
sent. Il accuse, pour se justifier d'un léger
soupçon, une pauvre servante innocente et la
déshonore, sinon sans remords du moins sans
pitié. Il s'associe à un vagabond pour montrer,
à prix de petite monnaie, un jouet de physique
au peuple des campagnes: il revient au seul
asile qui lui reste, la maison et le cœur de
madame de Warens. Il s'attache à la fortune
et à la personne de cette charmante protectrice; elle l'emmène avec elle à Chambéry dans
la retraite délicieusement occupée des *Charmettes*; elle y achève l'éducation littéraire de
son protégé.

A l'inverse de la première Héloïse, elle se
laisse entraîner elle-même à une affection trop
tendre pour son élève. En récompense de tant
d'amitié, de maternité, d'amour et de sacri-
fices, Rousseau l'abandonne et la flétrit jusqu'à
l'ignominie et jusqu'au ridicule en divulguant

à la postérité les faiblesses de sa bienfaitrice. Jamais l'amour et la bonté n'ont expié à un tel prix le malheur d'avoir rencontré un tel avilissement dans une telle ingratitude.

Les lignes de J.-J. Rousseau sur madame de Warens font le désespoir du cœur humain ; on se défie même de ses vertus en voyant comment elles sont changées en vices et exposées au pilori des siècles par celui qui reçut de cette femme la double vie du corps et du cœur. Pauvre femme, qui aime en songe un idéal d'innocence sous les traits d'un enfant abandonné et recueilli par elle, et qui, à son réveil, reconnaît qu'elle a réchauffé et allaité un monstre qui la dévore et qui la souille ! Ce crime, selon moi, dépasse l'homme et ne dépasse pas Rousseau. C'est le forfait de la plume, c'est l'instrument du supplice de celle dont le seul sort fut de trop aimer son bourreau !...

XI

Madame de Warens cultiva ou fit cultiver
à ses frais tous les dons enfouis de son protégé, même la musique. Il en avait l'instinct ;
il en épela assez les principes pour composer
plus tard le *Devin du village*, idylle grecque
écrite et chantée par un pasteur suisse qui se
souvient, en notes, du *ranz des vaches* de son
hameau.

Rousseau, comblé des dons de madame de
Warens, qui s'appauvrit pour son élève, part
pour Lyon avec son pauvre maître de cha-
pelle ; il l'abandonne à son premier malheur,

comme les chiens ne font pas de l'aveugle indigne qu'ils conduisent aux portes des hô-
pitaux. Le musicien, tombé dans la rue d'une
atteinte de convulsions, est laissé là par le
disciple, son compagnon de voyage, qui feint
de ne pas le connaître. Vertu sublime d'avoir
une telle âme, et de s'en glorifier à la face des
hommes et de Dieu!

A son retour à Chambéry, il n'y trouve plus
madame de Warens. « Quant à ma désertion,
» dit-il, du pauvre maître de musique, je ne
» la trouvais pas si coupable. »

Plus tard, cependant, il se la reproche;
mais le maître, à qui on avait volé jusqu'à ses
instruments, sa musique et son gagne-pain,
était mort de cet abandon.

XII

En attendant le retour de madame de Warens à Chambéry, Rousseau cohabite, avec un
aventurier musicien, chez un cordonnier de la
ville dont il dépeint le ménage en traits mé-
chants et ignobles, qui défigurent le pauvre
peuple artisan, et font la caricature de ses
mœurs et de ses misères. Amant prétendu de
la nature, il méprise la simple beauté des
jeune filles de basse condition, pleines de
prévenances et d'agaceries pour lui; il avoue
ses goûts tout aristocratiques pour le rang,

l'orgueil, la parure des jeunes personnes de haut rang et de haute fortune. Ce démocrate ne sent la beauté que vêtue de luxe et de vanités ; son orgueil prévaut même sur la nature.

XIII

Il raconte plus loin, en style d'une inexpri-
mable délicatesse de pinceau, une rencontre
qu'il fait, dans une vallée des environs, de
deux jeunes personnes de haute condition et
de figures gracieuses, qui allaient seules, à che-
val, passer une journée de printemps dans
une ferme de leurs parents. Théocrite n'est
pas plus poëte, l'Albane n'est pas plus nu et
plus naïf, Tibulle n'est pas plus ému que
J.-J. Rousseau dans la description de cette
journée bocagère, où l'innocence, mille fois

plus séduisante que le vice, joue avec l'amour sans faire rougir même la timidité des trois enfants. Ce sont des pages de cette candeur et de cette sensibilité qui feront de Rousseau écrivain le charmeur de la sensibilité, dont il a les couleurs sans en avoir la réalité.

Son voyage à Fribourg avec une jeune servante de madame de Warens, qu'il reconduit dans sa famille, est une autre scène de ce genre naïf comme une pastorale d'Helvétie.

Au retour, il joue un véritable histrionage en quêtant de ville en ville, à la suite d'un faux archimandrite de Jérusalem. L'ambassadeur de France à Lucerne le recueille par pitié pour sa jeunesse, et lui donne de l'argent et des recommandations pour Paris ; il arrive à Lyon, reçoit des nouvelles de madame de Warens, revenue à Chambéry, l'y rejoint, s'y fait arpenteur de cadastre, puis maître de musique.

Il se détache bientôt de sa protectrice, voyage

à ses frais dans le midi de la France, s'y guérit
d'une maladie imaginaire, entre comme pré-
cepteur dans une maison noble de Lyon, s'y
fait mépriser par quelques larcins de gour-
mandise, quitte de lui-même ce métier, accourt de nouveau aux Charmettes, espérant y
retrouver son asile dans le cœur de madame
de Warens; il ne retrouve plus en elle qu'une
mère attachée à un autre aventurier, ruinée
par les dissipations de ce parasite et par des
entreprises d'industrie chimériques; il pleure
sur son idée évanouie, quitte pour jamais sa
malheureuse amie, et accourt à Paris chargé de
rêves et d'un système pour écrire la musique
en chiffre, et le manuscrit d'une comédie plus
que médiocre.

Des lettres de M. de Mably et de l'abbé de
Condillac, son frère, qu'il avait sollicitées à
Lyon de cette famille obligeante, l'introduisent
à Paris dans la société de quelques hommes de
lettres et de quelques érudits. Diderot est le plus

3.

digne d'être nommé. Esprit aventurier comme Rousseau, fils d'un artisan comme lui, cœur bon et évaporé qui se livrait à tout le monde, Diderot fut le premier ami du jeune Genevois. Diderot eut bien à se repentir depuis de sa facilité à aimer un ingrat.

Un hasard de société le lance de plein saut dans le cercle le plus aristocratique de Paris, au milieu de femmes de cour et d'hommes de lettres ; il s'y fait remarquer par sa figure, par quelques poésies récitées dans ces salons avec un succès d'étrangeté plus que de talent, et par son goût réel et inspiré pour la musique. Il ose chercher étourdiment dans madame Dupin une autre madame de Warens ; une lettre trop tendre qu'il écrit à cette femme indulgente, mais sévère, ne reçoit qu'un sourire de dédain pour réponse ; mais l'intérêt de commisération qu'il inspire à madame de Broglie et à d'autres femmes de cette société lui fait obtenir un emploi de secrétaire intime du comte de Montaigu, am-

bassadeur de France à Venise, avec un appoin-
tement de cinquante louis. Il en était temps, car
il consommait ses derniers quinze louis dans
une presque indigence à Paris.

XIV

Arrivé à Venise, il dénigre ouvertement son ambassadeur, il travestit en titre de secrétaire d'ambassade de France les fonctions équivoques et domestiques de secrétaire salarié de l'ambassadeur.

Ses prétentions déplacées et ses dénigrements amers contre son patron le rendent promptement insupportable à M. de Montaigu. Rousseau pousse l'exigence du parvenu jusqu'à vouloir dîner, malgré son ambassadeur, avec les têtes couronnées qui passent à Venise et qui invitent à leur table l'ambassadeur de France.

Dans une de ces scènes amenée par la résis-
tance du ministre aux ridicules prétentions de
Rousseau, M. de Montaigu s'emporte et chasse
brusquement Rousseau de sa présence et de son
palais. Rousseau affecte de narguer son chef,
reste à Venise malgré lui, emprunte à toutes
mains pour payer son retour en France, et revient victime de son orgueil. Deux anecdotes
d'une indécence révoltante sur une courtisane
de Venise, sans autre sel que le cynisme des
expressions, sont, avec ces rixes d'intérieur, les
seules traces de sa résidence à Venise.

Rentré à Paris, il s'acharne sur le caractère et
sur l'ineptie de l'ambassadeur. Il n'en reçoit
pas moins son salaire des mains de M. de Montaigu quelque temps après son retour à Paris.

Les invectives de Rousseau contre l'ambassadeur choquèrent par leur véhémence les personnes qui l'avaient recommandé à cet homme
de cour; on l'éloigna de ces maisons, dans lesquelles on l'avait si bien accueilli. Il s'en ven-

gea en les prostituant aux railleries et à la
haine de ses amis.

Ce fut l'origine de sa colère contre les rangs
supérieurs de l'ordre social, tant cultivés par
lui jusque-là ; il a la franchise un peu basse de
l'avouer :

« La justice et l'inutilité de mes plaintes,
» dit-il, me laissèrent dans l'âme un germe
» d'indignation contre nos sottes institutions ci-
» viles, où le bien public et la véritable justice
» sont toujours sacrifiés à je ne sais quel ordre
» apparent, destructif en effet de tout ordre.
» Deux choses l'empêchèrent de se développer
» en moi pour lors, comme il a fait dans la
» suite, etc. »

XV

Voilà l'origine du *Contrat social*. L'ordre réel eût été, sans doute, que le secrétaire domestique se substituât orgueilleusement dans son rang et dans ses fonctions à l'ambassadeur, et que Rousseau mangeât à la table des rois, tandis que les officiers de l'ambassadeur dîneraient humblement à l'hôtel de l'ambassade de France?

C'est ainsi que l'orgueil déplace tout pour se faire à lui-même l'inégalité à son profit.

La saine démocratie, qui est l'ordre par ex-

cellence, parce qu'elle est la justice et la charité
entre les choses, a heureusement d'autres fondements que ces vengeances intéressées des
petits contre les grands.

XVI

De ce jour-là, Rousseau cessa de prétendre à l'ambition des fonctions publiques, et ne prétendit plus pour toute ambition qu'à la singularité du désintéressement et de la pauvreté volontaire; au lieu de tendre en haut, il tendit en bas. Le tonneau de Diogène, si Rousseau eût vécu à Athènes, aurait eu en lui son héritier, pourvu qu'il fît du bruit dans ce tonneau.

Il prit le logement et la table dans une pension d'hôtes à bas prix, tenue par une pauvre veuve, dans une de ces ruelles obscures qui entouraient alors le jardin solitaire du Luxembourg; il y rencontra une jeune ouvrière de province, nièce

de l'hôtesse, venue à Paris pour y vivre de son
aiguille.

Il s'attache à elle d'un amour de hasard. Cet
amour, très-touchant et très-gracieux dans la
candeur de la jeune Thérèse, est dépouillé de sa
pudeur par une exclamation cynique de l'amant,
qui flétrit l'amour même d'un blasphème de
libertinage.

Rousseau, heureux de cet amour qui ressemble à une idylle dans les faubourgs et dans les
guinguettes de Paris, refuse cependant de le
consacrer par le mariage ; il se donne à la pauvre Thérèse, et il ne se donne à elle que pour la
jouissance et nullement pour la réciprocité du
devoir. Thérèse est pour lui une jolie esclave
dont il fait une ménagère et une concubine
volontaire pour l'agrément de sa vie obscure,
mais avec laquelle il ne veut d'autre lien que
son caprice. Ce caprice usé, il ne restera, pour
la pauvre séduite, que le hasard de l'indigence et les charges de la maternité.

Mais non, les fruits mêmes doux et amers de la maternité ne lui resteront pas pour charmer sa vie, pour soulager sa misère, pour soutenir sa vieillesse. On sait que par une férocité d'égoïsme au-dessous de l'instinct des brutes pour leurs petits, J.-J. Rousseau attendait au chevet du lit de Thérèse le fruit de ses entrailles, et porta lui-même, quatre ou cinq ans de suite, dans les plis de son manteau, à l'hôpital des orphelins aban-donnés, les enfants de Thérèse, arrachés sans pitié aux bras, au sein, aux larmes de la mère, et, par un raffinement de prudence, le père en-levait à ces orphelins toute marque de recon-naissance, pour que son crime fût irréparable et pour qu'on ne pût jamais lui rapporter cette charge onéreuse de la paternité! Les preuves, à cet égard, ont été complétées et aggravées depuis la publication des *Confessions!*

Or, pendant que Rousseau accomplissait ces exécutions presque infanticides, il écrivait, avec une affectation de sensibilité digne d'un Tartuffe d'humanité, des malédictions systématiques et fausse sur le crime des mères qui n'allaitent pas elles-mêmes leurs enfants ! proscription des nourrices, qui donnent un lait salubre et pur au lieu du lait appauvri ou fiévreux des femmes du monde. Le lait de l'hôpital et le vagabondage de l'enfant sans mère et sans père lui paraissaient-ils donc plus sains et plus purs que le sein maternel de Thérèse ? — Si la démence n'expliquait pas charitablement dans Rousseau un tel contraste entre l'homme et l'écrivain, faudrait-il donc accuser l'homme de perversité et le philosophe d'hypocrisie ? On sait que les soupçons de conspiration universelle contre nous sont une des formes du délire, Rousseau, honnête d'intention, était vicieux par folie. Il craignait, disait-il, que la société n'armât un jour contre lui le bras parricide de ses enfants !

Quel drame expiatoire il y aurait à faire entre un fils inconnu de Rousseau, devenu meurtrier par suite de son abandon, assassinant un étranger pour le dépouiller, et reconnaissant son père dans sa victime! Qui sait ce que sont devenus ces fils de Thérèse jetés aux gémonies tout vivants par la barbarie d'un père insensé?

Ah! combien la pauvre Thérèse, dans l'amour bestial d'un tel homme et après de tels rapts de ses enfants, ne devait-elle pas frémir de devenir mère!

XVll

Elle était aimante et fidèle cependant, par ce
généreux abandon féminin de l'amante à son
profanateur même. Elle suivait sa bonne et sa
mauvaise fortune, elle lui gardait avec soumis-
sion et tendresse son ménage intime au retour
des palais et des fêtes élégantes qu'il fréquen-
tait pour y porter d'autres hommages et pour y
chercher d'autres jouissances auprès d'autres
femmes de ville et de cour qui caressaient
mieux sa sensualité ou sa vanité. L'attachement

de Thérèse pour Rousseau subsista jusqu'à sa mort, sans fidélité du côté de Rousseau. L'amour n'était plus pour lui qu'une domesticité commode plutôt qu'un attachement.

XVIII

Les nécessités de la vie et le goût de la musique le jettent dans la société artiste, lettrée, licencieuse de Paris. Il joue chez madame la marquise d'Épinay, femme opulente, spirituelle, galante, un rôle de confident et de favori de la maison qui lui donne quelques relations illustres.

Sa musique naïve et semi-italienne le révèle aux théâtres de société; il tente de s'élever jusqu'à la scène de l'Opéra; ses comédies, ses poésies, ses romances, lui créent une demi-renommée de salon. Les philosophes admirent la sobriété de sa vie, les femmes du monde sa sensi-

bilité; Diderot, son ami, soupçonne son éloquence et lui conseille quelque sophisme
hardi, insolent, contre les idées qui servent de
fondement au monde. Il prend la plume, il
commence contre la société, contre les arts,
contre la civilisation, cette série de paradoxes
sur l'état de nature, c'est-à-dire l'état de barbarie : c'est là, selon lui, l'idéal de perfectibilité
prêchée aux hommes.

Une société corrompue alors jusqu'à la moelle
sourit à ces contre-sens de la mauvaise humeur
contre elle-même; elle prend pour de la profon-
deur et pour de la vertu cette philosophie très-
éloquente et très-absurde du monde renversé.
Rousseau est parvenu à se faire regarder; c'est
un sauvage sublime, un ilote de la pensée, que
la société admet dans ses salons pour le voir
avec curiosité et pour l'entendre avec complai-
sance blasphémer avec un éloquent délire contre la pensée même qui fait son existence, sa
force et sa gloire.

4

Le suicide de toute civilisation commence par l'engouement pour cet aventurier de génie qui ne cherche pas la vérité, mais la nouveauté dans le sophisme. La France devient sa complice, et les fondements de l'ordre social sont ébranlés comme par un tremblement de logique dans la tête des hommes et dans le cœur des femmes.

XIX.

Rousseau, en se voyant couronné pour son style par les académies, applaudi par les cours, encensé par les philosophes, se prend lui-même au sérieux ; il adopte pour toute sa vie ce rôle de Diogène moderne, qui prétend renouveler la face du monde moral et politique du fond de sa prétentieuse obscurité.

Il se cache comme l'oracle dans une vie volontairement ténébreuse afin de s'y faire rechercher.

Il n'en souille pas moins ses mœurs et son union conjugale avec Thérèse dans des orgies d'abjecte débauche avec ses amis. Là une jeune fille, séduite et prêtée par son séducteur à ses convives, sert de victime à la lubricité de Grimm et de Rousseau; scène odieuse dont la confession même aggrave l'immoralité.

Il entre comme caissier dans la maison de madame Dupin, il en sort après quelques jours de noviciat; il renonce à toute ambition de fortune par un travail régulier; il trouve qu'il est plus facile d'accepter la pauvreté que d'acquérir l'aisance. Il se fait copiste de musique à tant la page; ses patrons lui fournissent abondamment du travail et secourent, à son insu, Thérèse et sa mère, pour aider le pauvre ménage sans blesser les susceptibilités de l'orgueilleux copiste.

Son humeur s'aigrit: il commence à verser ses soupçons et son ingratitude sur Diderot, coupable seulement de légèreré, de déclamation et de zèle pour lui; il outrage Grimm, coupable de trop d'abandon et de trop de confiance dans son ami; il calomnie indignement ces deux hommes de cœur et d'honneur pour prix des services qu'ils lui ont rendus; il paye par la diffamation la célébrité qu'ils lui ont faite. Grimm s'indigne et s'éloigne; Diderot déclare à voix basse, mais avec une amère déception de cœur, qu'il a réchauffé dans son sein un *scélérat*. Rousseau reste seul, sans amis, mais entouré d'un prestige de culte pour ses talents et ses vertus qui lui font une atmosphère de fanatisme.

XX

A quarante ans passés cependant, cette renommée repose sur le charlatanisme du paradoxe anti-social plutôt que sur un ouvrage esti-
mable. Le succès des paroles et de la musique
de l'opéra du *Devin du village*, donné à Fontai-
nebleau devant le roi, et à Paris l'année sui-
vante, fit éclater de nouveau le nom de Rousseau
et lui donna cette popularité que le théâtre
donne en une soirée et que les plus beaux livres
ne donnent qu'à force de temps.

L'ivresse monta à la tête de la France et surtout des femmes ; son nom courut avec ses notes

sur toutes les lèvres. On crut sentir son âme dans ses mélodies, on ne la sentit que dans les oreilles.

Le roi et madame de Pompadour lui donnent chacun une gratification en argent qui remet l'aisance dans son ménage.

Dans un voyage à Genève, il passe avec Thérèse à Chambéry comme on repasse sur les traces de sa jeunesse dans un jardin couvert de ronces; il y trouve madame de Warens dans l'abandon et dans la misère; sa pitié est froide comme un passé refroidi.

Il se le reproche, il jette quelque modique aumône dans cette main qui a tenu autrefois son cœur.

Thérèse, plus tendre que l'ancien amant, baise cette main et y laisse une larme.

Il va à Genève : il semble désirer de s'y fixer.

Le voisinage de Ferney, où la popularité universelle de Voltaire à Ferney aurait éclipsé et subalternisé la renommée du Genevois, l'en

éloigne. Il revient à Paris, et accepte un ermitage d'opéra dans le coin du jardin d'une femme
galante, madame d'Épinay, à l'ombre de la forêt de Montmorency.

XXI

Avant de s'y retirer, il place dans un hospice de charité publique le père de Thérèse, pour alléger le poids du ménage ; le vieillard comme l'enfant, ces deux fardeaux si doux du cœur, l'importunent. Il les sacrifie également à l'égoïsme, la divinité du moi ; il garde la femme, parce qu'elle est servante nécessaire au foyer, à la solitude, à l'infirmité, à la vieillesse.

L'ivresse de la nature au printemps le saisit la première nuit de son établissement à l'ermitage. Cette ivresse de la nature est sincère, éloquente, communicative sous sa plume ; il se sent délivré

de la société des hommes. Mais, hélas! dès le
lendemain, il n'est pas délivré de lui-même :
ses inquiétudes, ses soupçons, ses rivalités, ses
haines, ses amours, ses ingratitudes, l'assiégent
jusque sous les ombres de cette forêt et dans
cette douce hospitalité d'une amie.

Pour s'en distraire et pour prophétiser dans le
désert, il divague dans la politique, il veut con-
traster avec Montesquieu, ce politique expéri-
mental, et il ébauche le *Contrat social* en politique imaginaire.

Une femme évaporée lui demande follement
un traité d'éducation, à lui, l'homme qui n'a
jamais trouvé sa place dans le monde des hommes, qui n'a reçu d'éducation que celle des
aventuriers, et dont toute la règle a été de n'en
point avoir ! On en verra le résultat dans l'*Émile*,
livre qui fait tant d'honneur au talent de plume
de celui qui l'écrivit, comme rêverie, et tant
de honte à ceux qui l'admirèrent comme code
d'éducation.

Le caractère de Rousseau se révèle tout entier dans les motifs d'égoïsme qui le jetèrent
dans cette demi-solitude au milieu de sa vie.

« Madame de Warens, écrit-il lui-même alors,
» vieillissait et s'avilissait! Il m'était prouvé
» qu'elle ne pouvait plus être heureuse ici-bas;
» quant à Thérèse, je n'ai jamais senti la moin-
» dre étincelle d'amour pour elle; les besoins
» sensuels satisfaits près d'elle n'ont jamais eu
» rien de spécial à sa personne. »

Ce fut à cette époque, le milieu de la vie déjà
passé, que Rousseau chercha dans sa seule imagination le fantôme de cet amour que son cœur
ne lui avait jamais fait éprouver. Il écrivit son
Héloïse, roman déclamatoire comme une rhétorique du sentiment, dissertation sur la métaphysique de la passion, passionné cependant, mais
de cette passion qui brûle dans les phrases et
qui gèle dans le cœur. Son imagination allumée
pour Julie, l'amante pédantesque de son drame,
se convertit un instant en amour réel, mais pu-

rement sensuel, pour madame d'Houdetot, sa
voisine de campagne, femme très-séduisante,
mais très-solidement attachée à Saint-Lambert,
ami de Rousseau, et qui se plaisait dans la société de Rousseau par la réminiscence fidèle de
Saint-Lambert absent.

Rousseau, perverti cette fois par une passion
folle, mais sincère, trahit l'amitié et s'efforça
de dérober à Saint-Lambert la fidélité de madame d'Houdetot. Elle ne lui laissa dérober que
des coquetteries d'amitié et d'innocentes illusions de tendresse. Rousseau, dans un perpétuel délire, continuait à prêter au personnage de
son roman les sentiments et les sensations de
ses entretiens avec madame d'Houdetot; les
amis de madame d'Épinay, Grimm et Diderot,
informés par Thérèse du délire de Rousseau,
raillèrent le philosophe amoureux, et contristè-
rent madame d'Houdetot et Saint-Lambert par
des ricanements sur cette passion.

L'âge et la sauvagerie de Rousseau pris en

flagrant délit de ridicule, il découvrit que la curiosité de madame d'Épinay allait jusqu'à corrompre Thérèse pour avoir communication de la correspondance mystérieuse entre madame d'Houdetot et lui.

Son orgueil se révolta contre ces tentative d'espionnage, et contre ces connivences de Thérèse et de madame d'Épinay.

Ces tripotages d'amour, de jalousie, de curiosité, d'humeur, bagatelles prenant l'importance de crimes devant une imagination ombrageuse et grossissante, dégénérèrent en inimitiés acharnées entre Rousseau et madame d'Épinay. Il s'éloigna d'elle, et se réfugia en plein hiver dans une autre maisonnette de Montmorency, où il vécut dans une volontaire indigence, indigence toutefois plus ostentatoire que réelle.

Il avait renvoyé à Paris, assez durement, la mère octogénaire de Thérèse. L'aigreur de ses sentiments contre Diderot, Grimm, le baron d'Holbach, ses premiers amis, le brouilla alors

5

avec la secte des philosophes dont il avait été jusque-là le protégé.

Cette haine rejaillit jusque sur Voltaire, qu'il confondit injustement avec ces athées radicaux de l'impiété. Voltaire, moins emphatique, mais toutefois plus réellement sensible, plaignit la démence de Rousseau, lui pardonna ses hostilités contre lui, et lui offrit, quand il fut persécuté, une hospitalité courageuse.

XXII

Pendant que Rousseau imprimait son roman de la *Nouvelle Héloïse*, il achevait son *Contrat social*, et, pendant qu'il écrivait cette diatribe contre toute aristocratie, il se façonnait à la courtisanerie la plus obséquieuse dans la société très-aristocratique du prince de Conti et de la duchesse de Luxembourg.

Le prince de Conti était un de ces caractères et un de ces esprits mal faits, qui profitent de leur rang pour opprimer les petits, et qui profitent de leur popularité d'opposition à la royauté pour imposer au souverain ; il flattait

Rousseau, républicain, pour humilier la cour ;
il affectait des principes austères de Romain, et
il tenait à Paris ou à l'Ile-Adam, près de Montmorency, une cour de débauchés et de fron-
deurs. Il s'indignait contre les favorites royales
de Louis XV, et des Pompadours et des Dubarrys
subalternes gouvernaient sa maison.

Quant à la duchesse de Luxembourg, elle
avait été célèbre autrefois par sa beauté sous le
nom de Boufflers, son premier mari. Elle avait
été célèbre surtout par des faiblesses qui avaient
scandalisé même ce temps de scandale. Deve-
nue veuve, elle avait épousé un de ses anciens
adorateurs, le duc de Luxembourg, illustre par
son nom, insignifiant par son esprit, respectable
par ses mœurs.

Forcée par l'âge de renoncer à l'empire de la
beauté, elle avait aspiré à l'empire de l'esprit,
dont elle était assez digne. Le voisinage de
Rousseau, déjà recherché du grand monde,
lui avait paru une bonne fortune pour son sa-

lon : le rôle de Mécène d'un cynique insociable
tentait toutes les femmes. Rousseau se prêtait à
ses prévenances : la protection y était noble-
ment déguisée sous l'amitié. Il accepta du duc
et de la duchesse un appartement dans le petit
château dépendant de leur somptueuse demeure
dans le parc de Montmorency. Pour payer cette
hospitalité, il fit pour la maréchale une copie
manuscrite de la *Nouvelle Héloïse*; il en fit une
autre pour madame d'Houdetot, qui dut y reconnaître l'amour qu'elle avait inspiré à l'auteur.
Rousseau vivait du prix de ces copies et de la
musique qu'on lui commandait par le désir
d'obliger un homme illustre. Il en modérait lui-
même le salaire pour que le travail manuel ne
dégénérât pas en munificence humiliante pour
lui.

Son troisième ermitage au petit château était
assiégé tout l'été des visites des plus grands
seigneurs et des plus grandes dames, hôtes du
maréchal. Ermite de cour dans un ermitage

d'opéra, il jouait son rôle de sauvage dans une
apparente séquestration. Il ne vit jamais plus
de monde, et un monde plus choisi, que dans
sa forêt.

XXIII

La *Nouvelle Héloïse*, roman d'idée autant et plus que roman de cœur, eut un succès de style et un effet d'éloquence qui passionna toutes les imaginations pour l'écrivain. On déifia l'amour dans l'auteur. Le nom de Rousseau se répandit et s'éleva aux proportions de l'engouement et du fanatisme.

La déclamation à froid de certaines lettres de cette correspondance fut échauffée par le fond de passion qui brûlait sous la voluptueuse contagion des autres lettres ; le style couvrit tout de son charme. Ce style, qui n'était ni grec, ni

latin, ni français, mais helvétique, ravit par sa
nouveauté toutes les oreilles : musique alpestre
qui semblait un écho des montagnes, des lacs
et des torrents de l'Helvétie. Ce fut une ivresse
qui dura un demi-siècle, mais qui ne laisse,
maintenant qu'elle est dissipée, que des pages
froides dans des esprits vides.

C'est que ce livre était de la nature des sophismes : il fut prestigieux, il ne fut pas naturel ; la nature seule a dans les livres des effets
immortels.

Celui-là refroidirait aujourd'hui le cœur d'un
amant, et éteindrait le sophisme même dans le
ridicule des conceptions. C'est comme sur les
Alpes de *Meilleraie*, un glacier qui brille, mais
qui transit.

Il écrivit presque en même temps l'*Émile*,
livre d'un style admirable et d'une conception
insensée. C'était un singulier contraste dans
Rousseau qu'un homme écrivant un traité
d'éducation pour le genre humain de la même

main qui venait de jeter et qui jetait encore à cette époque ses enfants à l'hôpital des enfants trouvés, pour y recevoir l'éducation de la misère, du hasard, et peut-être du vice et du crime.

Père dénaturé, qui signalait sa tendresse menteuse pour l'humanité en faisant ces forçats de naissance appelés des enfants trouvés, dans ces tours, égouts de l'illégale population des cités.

Aussi la fausseté de cette paternité humanitaire du sophiste de vertu éclate-t-elle à toutes les pages de ce ridicule système d'éducation dans un livre que la démence seule peut expliquer.

Le premier de ces ridicules, c'est d'écrire, pour l'éducation universelle d'un peuple qui ne vit que de travail et de pauvreté, un livre qui suppose dans la famille et dans l'enfant qu'on élève une opulence de Sybarite ou des délicatesses de Lucullus, des palais, des jardins, des serviteurs

5.

de toutes sortes, des gouverneurs mercenai-
res attachés par des salaires sans mesure aux
pas de chaque enfant, des voyages lointains à
grands frais avec le luxe d'un fils de prince,
voyages d'Alcibiade avec un Socrate à droite et
un Platon à gauche de l'élève. Absurdités inex-
plicables, à moins d'avoir, comme le fils de
Philippe, Aristote pour maître, la Macédoine
pour héritage et le monde pour théâtre de ses
vices ou de ses vertus. Les élèves de Rousseau
dans l'*Émile* seront donc un peuple de rois!

On ne comprend pas aujourd'hui que l'engouement du XVIIIe siècle ait pris un seul
jour au sérieux un livre soi-disant écrit pour le
peuple, et dont tous les enseignements supposent dans les pères, les maîtres et les élèves la
plus insolente aristocratie. Platon n'a rien rêvé
de plus incompatible avec les réalités de l'espèce humaine.

Une seule page de ce livre est d'un philosophe, d'un poëte et d'un sage; c'est celle où au

commencement d'un chapitre, véritable vesti-
bule d'un panthéon moderne , Rousseau décrit l'horizon, la vie, la pensée d'un pauvre
prêtre chrétien enseignant à un village, où il
est exilé, le culte et la charité d'une communion
universelle. C'est ce qu'on appelle la profession
de foi du vicaire savoyard.

Note de religion universelle, en effet, religion
des sens et de l'âme qui ne froisse aucun dogme
national, qui ne retranche aucune vertu humaine, mais qui embrasse et illumine tous les
dogmes sincères et toutes les vertus naturelles
dans une atmosphère de vie, de chaleur et de
piété semblable au rejaillissement d'un même
soleil sur la coupole d'Athènes, sur la cathédrale
de Sainte-Sophie et sur les mosquées d'Arabie
dans cet Orient plein de Dieu !

Cette page de l'*Émile* est ce qu'il y a certainement de mieux pensé, de mieux senti, de
mieux écrit dans toutes les œuvres de J.-J.
Rousseau. C'est un fragment de cette éloquence

lapidaire dont les monuments de l'Inde, de la
Perse, de l'Égypte, de la Grèce orphéique conservent les dogmes dans les inscriptions de leurs
temples, retrouvées et déchiffrées par nos érudits; un alphabet épelé des vérités primitives,
dont toutes les lettres rassemblées disent Dieu
dans la nature et lois divines dans l'humanité.

Voltaire lui-même, qui, en qualité d'esprit
juste, abhorrait Rousseau, l'esprit faux, s'arrête
et s'étonne, dans son dénigrement bien naturel, devant cet éclair sorti des ténèbres, et
s'écrie :

« O Rousseau ! tu écris comme un fou et tu
» agis comme un méchant, mais tu viens de
» parler comme un sage et comme un juste!
» Lisez, mes amis, et saluons la vérité et la mo-
» rale partout où elles éclatent, même dans la
» méchanceté et dans la démence. »

C'est alors que Voltaire pardonne à Rousseau
les injures qu'il en a reçues sans les avoir pro-

voquées, et qu'il lui ouvre son cœur et sa maison pour l'abriter contre les persécutions et les
exils dont Paris menace l'écrivain d'*Émile* et
d'*Héloïse*.

XXIV

Ces livres, quoique protégés par M. de Males-
herbes, directeur de la librairie, gardien très-
infidèle de l'intolérance du clergé, du Parle-
ment et de la police, étaient frappés d'ana-
thème, et leur auteur de proscription. Mais la
faveur des grands, de la cour, du public, étei-
gnait ces foudres officielles, et faisait échapper
Rousseau à ces vaines proscriptions, plus osten-
tatoires que dangereuses.

Il s'en allait un moment, rentrait sans obsta-
cle et attendait tranquillement dans la ville et
dans le palais du prince de Conti la fin de ces

persécutions peu sérieuses. La magie de son style le dérobait à toute atteinte des lois; tous ses lecteurs devenaient ses complices, pendant que ce livre était dans leurs mains.

La guerre intestine qu'il avait déclarée aux philosophes, ses premiers prôneurs, lui avait créé entre le christianisme et l'athéisme une situation exceptionnelle qui lui faisait ce qu'on nomme un tiers-parti dans les assemblées. Nul ne confessait Dieu avec plus de foi et plus d'éloquence. L'athéisme, délire froid des sociétés existantes, ne pouvait sortir des montagnes, des ?s et des glaciers d'un peuple pastoral comme la Suisse. La boue ne reflète rien : le ciel et les eaux sont le miroir matériel du Grand Être.

Rousseau y avait trop souvent contemplé cette grande image, pour ne pas la produire dans ses écrits. Il y a peu de vraie morale, mais il y a une ardente piété dans son style. C'est par là qu'il vit : l'adoration est la vertu de l'intelligence.

XXV

A la première rumeur produite à Paris par
l'apparition de son livre, il se sauve à Motiers-
Travers, village de Neufchâtel, sous la protection du roi de Prusse; il y revêt le costume
d'Arménien, fantaisie grotesque qui ressemble
à un déguisement et qui n'est qu'une affiche.
Cette puérilité dans un philosophe européen
attire sur lui une attention qui s'attache plus
à l'habit qu'à la personne. Bientôt il entre en
querelles épistolaires avec les membres du gouvernement de Genève qui ont condamné ses
principes religieux; et, pour leur prouver son

christianisme, il abjure le catholicisme et se
convertit dogmatiquement et pratiquement au
calvinisme sous la direction du pasteur du village.

Il communie à Motiers-Travers, comme Voltaire à Ferney, mais moins dérisoirement.

Le pasteur et lui finissent par se brouiller et
par s'excommunier pour des vétilles de sacris-
tie ; les habitants prennent parti pour leur prêtre et lancent des pierres, pendant la nuit,
contre les fenêtres de Rousseau. Il s'enfuit avec
Thérèse, son esclave volontaire , dans la petite
île de Saint-Pierre, appartenant au canton de
Berne. Il n'a que le temps d'y rêver une félicité
pastorale dans l'oisiveté d'un philosophe contemplatif; le gouvernement de Berne menace
de l'expulser : il supplie ce gouvernement de
le faire enfermer à vie, pour qu'au prix de sa
liberté, il jouisse au moins d'un asile en Suisse.

XXVI

Un nouveau caprice de son imagination le re-
jette à Paris. Son costume d'Arménien le fait
suivre dans les rues, et il se plaint de l'impor-
tunité qu'il provoque. Le grand historien anglais
Hume a pitié de ses agitations : il se dévoue à
le conduire en Angleterre et à lui trouver, avec
une pension du roi, un asile champêtre dans le
plus beau site du royaume pour passer en paix
le reste de ses jours.

Rousseau, déjà égaré par une véritable démence de cœur, reconnaît tous ces services d'un
honnête homme en accusant de perfidie et de

trahison cette providence de l'amitié. Hume s'étonne d'avoir réchauffé ce malade ramassé sur la route pour en recevoir les coups les plus iniques à sa renommée : il s'éloigne en le plaignant et en le méprisant.

Rousseau revient à Paris, y continue une vie inquiète et inexplicable, moitié de génie, moitié de démence. Incapable d'activité dans la foule, incapable de repos dans la solitude, recueilli par la famille de Girardin, à Ermenonville, dans un dernier ermitage, il y meurt d'une mort problématique, naturelle selon les uns, volontaire selon les autres : le mystère après la folie. — Le moins raisonnable et le plus grand des écrivains des idées des temps modernes repose, jeté par le hasard, sous des peupliers, dans une petite île d'un jardin anglais, aux portes d'une capitale, lui qui, dans sa mort comme dans sa vie, sembla le plus misanthrope des hommes en société et le plus incapable de se passer de leur enthousiasme.

Énigme vivante, dont le seul mot est *imagi-nation malade*. Homme qu'il faut plaindre, qu'il faut admirer, mais qu'il faut répudier comme législateur; car il n'y a jamais eu un rayon de bon sens, d'expérience et de vérité dans ses théories politiques, et il a perdu la démocratie en l'enivrant d'elle-même.

C'est ce que nous allons essayer de vous prouver en commentant ici le *Contrat social*.

XXVII

Le *Contrat social* est le livre fondamental de la révolution française. C'est sur cette pierre, pulvérisée d'avance, qu'elle s'est écroulée de sophismes ; que pouvait-on édifier de durable sur tant de mensonges ?

Si le livre de la révolution française eût été écrit par Bacon, par Montesquieu, ou par Voltaire, trois grands esprits politiques, ce livre aurait pu réformer le monde sans le renverser ; le catéchisme de la révolution française, écrit par J.-J. Rousseau, né pouvait enfanter que des ruines, des échafauds et des crimes. Robespierre ne fut pas autre chose qu'un J.-J. Rousseau enragé, et enragé de quoi? De ce que les réalités ne se prêtaient pas aux chimères.

Tel fut l'homme; voyons l'ouvrage.

Nous allons procéder dans cet examen axiome par axiome, afin d'en mettre en relief la fausseté radicale, et, quand nous aurons entassé sous vos yeux assez de ces simulacres de pénsées, assez de ces cadavres vides, pour vous convaincre que ce ne sont là que les sophismes d'un rêveur éveillé qui se moque de lui-même et des peuples, nous en démontrerons le néant.

Nous nous résumerons, ensuite sur la législation de la nature, etnous vous dirons à notre tour : Voilà la véritable société, telle que Dieu l'a instituée quand il a daigné créer l'homme sociable. Sur ce chemin de la nature et de la vérité, vous trouverez quelques progrès bornés par la condition *finie* de l'élément imparfait de toute institution humaine : l'homme.

Sur le chemin de la métaphysique et de l'utopie vous ne trouverez que des systèmes, des déceptions et des ruines. Dieu n'a pas voulu que, dans la science expérimentale par excellence, qui est la politique, la société pût réaliser ses rêves et se passer de l'épreuve du temps, de la connaissance des hommes, des leçons de l'histoire et du contrôle des réalités. Entre les rêveurs et les politiques, il y a les choses telles qu'elles sont, c'est-à-dire le possible.

J'étais bien jeune quand j'écrivis ce vers, devenu proverbe :

Le réel est étroit, le possible est immense !

Mais, tout jeune que j'étais, et tout poëte qu'on me reprochait d'être, j'avais un puissant sentiment du vrai ou du faux dans la politique ; quoique très-dévoué aux progrès rationnels des idées et des institutions sociales, j'étais un ennemi-né des utopies, ces mirages qu'on présente aux peuples comme des perspectives, et qui les égarent sur leur route, dans des déserts sans fruits et sans eaux. Mais, prématurément sensé, je croyais et je crois encore que, pour devenir législateur des sociétés humaines, il fallait un long et grave noviciat d'âge, d'études, de fréquentation des hommes, de pratique des affaires, de voyages parmi les peuples, les lois, les mœurs, les caractères des diverses contrées; le spectacle des choses humaines parmi les hommes, en ordre ou en anarchie; en un mot, une éducation complète et appropriée à l'auguste emploi que l'on se proposait de faire de sa sagesse, après l'avoir apprise; j'y ajoutais encore la vertu, cette sagesse pratique sans laquelle il n'y a pas d'inspiration divine dans le législateur.

Si l'éducation est nécessaire dans le monde des arts ou pour le plus vil des métiers d'ici-

bas, comment supposer qu'elle soit moins indispensable pour le plus sublime et le plus
difficile des arts, l'art d'instituer des sociétés
et de gouverner des républiques ou des empires?

Comment admettre ce génie inné ou impro-
visé de la législation dans le premier songeur
venu, étranger même au pays pour lequel il
écrit, et sorti de l'échoppe de son père artisan, pour dicter des lois à l'univers?

Aucun génie, quelque grand que l'on le
suppose, ne pourrait suffire à cette orgueil-
leuse tâche. Pour parler il faut connaître : sans
avoir appris, que connaît-on? Rien, pas même
soi !

Zoroastre avait été pontife d'un empire immense, foyer d'une théocratie à la fois divine et politique, qui résumait toutes les clar-
tés du monde primitif; ses lois n'étaient que
des dogmes réformés par une longue expérience.

6

Solon avait voyagé dans tout l'Orient, poëte et philosophe, recueillant pour sa patrie les miettes de la profonde sagesse orientale.

Pythagore avait colonisé les grandes législations de la Grèce orphéique en Italie.

Numa avait consulté des inspirations occultes qui étaient vraisemblablement les lois de Pythagore; la législation qu'il donna à Rome était et est restée trop savante pour être l'importation de hordes de barbares.

Les feuilles de la sibylle n'étaient que les bribes éparses de quelque code d'antique législation.

Le législateur des chrétiens, lui-même, ne voulut révéler ses doctrines qu'après avoir vécu pendant trente ans dans l'obscurité, à l'étranger, et quarante jours dans la sainteté du désert.

Fût-on Orphée, on improvise un hymne, mais pas un code.

Mahomet, le législateur de l'Arabie, voyagea

dix ans, recueillit sa religion et ses lois chez
les juifs et les chrétiens, en leur vendant ses
chameaux et ses épices, et ne commença à prophétiser qu'après avoir souffert la persécution,
première vertu de l'homme qui s'immole à sa
patrie et à son Dieu.

Dans les temps modernes, Bacon avait passé
sa vie dans les hautes magistratures;

Machiavel, dans les négociations diploma-
tiques, dans les conseils de sa république,
dans les conciliabules des factieux, dans les
mystères de l'ambition et des crimes de César Borgia, dans la confidence des papes et
des Médicis, dans les tumultes des camps et du
peuple.

Voltaire avait vécu dans les intrigues de la
régence, dans la diplomatie du cardinal de
Fleury, dans la cour du grand Frédéric, dans la
familiarité des rois et des ministres qui jouaient
au jeu des batailles avec la fortune.

Montesquieu avait mené une vie grave, studieuse, solitaire, et cependant affairée, à la tête d'une de ces hautes magistratures où se résument la philosophie des lois et l'administration de la justice des peuples.

Tous ces hommes avaient touché à cette réalité des choses qui contrôle dans des esprits justes l'inanité des théories par la pratique des hommes. On conçoit que des esprits sains, exercés par de longues année de vie publique, écrivent dans leur maturité des tables de la loi, des codes sociaux, des commentaires sur les gouvernements des nations, appropriés aux caractères, aux mœurs, aux traditions, aux âges, à la situation géographique des États, aux circonstances. même politiques, des peuples dont ils éclairent les pas dans la route de leur civilisation.

Ce sont les éclaireurs des nations qui marchent en avant ou qui regardent en arrière pour leur enseigner le droit chemin à parcourir ou le chemin déjà parcouru, afin de bien

orienter la colonne humaine. Ces phares vivants doivent être eux-mêmes pleins de lumières acquises par l'étude et la vertu : c'est là
l'autorité de leur mission.

XXVIII

Mais y avait-il dans J.-J. Rousseau une seule de ces conditions préliminaires d'un sage, d'un législateur, d'un publiciste !

Quelle éducation virile pour un instituteur politique que la sienne ! Quelle autorité morale que sa vie ! Quelle infaillibilité de vues que ses hallucinations ! Quelle connaissance des choses et des hommes dans cette séquestration capricieuse, dans la solitude d'un sauvage civilisé, qui ne peut supporter le moindre contact avec ses semblables, et qui, au lieu de se soumettre aux lois générales de la société, s'impatiente constamment de ne pouvoir soumettre la société à son égoïsme!

Quoi! voilà un enfant né dans la boutique d'un artisan, le point de vue le plus étroit pour voir le monde tout entier; car le défaut de l'artisan est précisément de ne rien voir d'ensemble, mais de tout rapporter à son seul outil, et à sa seule fonction de la société : gagner sa vie, travailler de sa main, recevoir son salaire, se plaindre de sa condition, si rude en effet, et envier si naturellement les heureux oisifs;

Voilà un enfant qui, dégoûté de l'honnête labeur paternel avant de l'avoir même essayé, se prend à rêver au lieu de limer, s'évade de l'atelier et de la boutique de son père, va de porte en porte courir les aventures, préférant le pain du vagabond au pain de la famille et du travail; vend son âme et sa foi avec une hypocrite légèreté au premier convertisseur qui veut l'acheter pour trois louis d'or qu'on lui glisse

dans la main, en le jetant, avec sa nouvelle religion, à la porte;

Voilà un adolescent qui se prostitue volontairement de domesticité en domesticité dans
des maisons étrangères, se faisant chasser de
tous ces foyers honnêtes pour des sensualités
ignobles, ou pour des larcins qu'il a la lâcheté
de rejeter sur une pauvre jeune fille innocente
et déshonorée!

Voilà un jeune homme qui se fait entretenir
dans l'oisiveté par une femme, aventurière elle-
même, dont il partage le cœur et le pain sans
honte, et qu'il expose pour toute reconnaissance
au pilori éternel de la postérité, véritable parricide, non de la main, mais du cœur, contre celle
qui réchauffa dans son sein sa misère!

Voilà un homme fait qui, voyant la fortune
de cette femme baisser, épuise sa pauvre bourse
pour aller à Paris chercher quelque autre fortune de hasard, sans se retourner seulement

d'une pensée vers celle qui fut sa providence,
de peur d'avoir pitié de sa dégradation !

Voilà un soi-disant sage qui s'insinue en
arrivant à Paris, comme Socrate chez Aspasie,
parmi les femmes de cour, de légèreté et de
licence, pour vivre de leurs vices, adulés, cares-
sés et servis par lui !

Voilà un secrétaire intime et salarié par un
ambassadeur, qui veut usurper les fonctions,
le rang et l'autorité d'un diplomate, qui affecte
l'insolence d'un parvenu dans l'hôtel de France
à Venise, qui s'en fait justement congédier, et
qui revient calomnier et invectiver à Paris le
caractère de son maître et de son protecteur,
en recevant son argent de la même main dont
il s'acharne sur celui qui le paye !

Voilà ce serviteur infidèle qui suscite, par
une si basse conduite, la juste réprobation de
toutes ses protectrices et de tous ses protec-
teurs dans la société opulente de Paris ; qui
renonce forcément, par suite de ce soulèvement

contre lui, à l'ambition et à la fortune, désormais impossibles, et qui, pour être quelque chose, se fait cynique faute de pouvoir être parvenu !

Voilà un cynique qui prend, non pour épouse, mais pour instrument de plaisir brutal et pour esclave, une pauvre fille enchaînée à sa vie par le déshonneur, par la faim et par le dévouement de son sexe aux vicissitudes de la vie !

Voilà un époux qui arrache impitoyablement à chaque enfantement de ce honteux concubinage, le fruit d'un grossier libertinage aux bras et aux sanglots de la mère, pour que ce commerce, au-dessous de celui des brutes, n'ait ni charge morale, ni responsabilité matérielle pour lui !

Voilà un père, et quel père ! un hypocrite prêcheur des devoirs et des dévouements de la maternité et de la paternité, le voilà qui renouvelle cinq ou six ans de suite, et de sang-froid, cet holocauste de la nature à l'égoïsme impitoyable de l'infanticide !

Voilà le maître d'une véritable esclave de
ses plaisirs, qui ne laisse pas même à cette
femme, victime de sa débauche comme maî-
tresse, victime de sa cruauté comme mère, l'il-
lusion d'un amour exclusif, mais qui la rend,
sans délicatesse, confidente ou témoin de ses
infidélités avec des femmes vénales, ou de ses
passions quintessenciées pour des femmes aristocratiques, qui lui permettaient les équivoques
adorations de l'imagination pour leur beauté,
ne voulant pas être amantes, mais consentant à
être idoles!

Voilà un écrivain qui jette en beau style quelques paradoxes d'aventure contre la société, la
plus sainte des réalités, pour la faire douter
d'elle-même, et pour obtenir de son étonnement
le succès qu'il ne peut espérer de son estime!
(*Discours à l'Académie de Dijon.*)

Voilà un romancier qui souffle sciemment
dans le cœur des jeunes filles toutes les flam-
mes de la plus tumultueuse des passions, qui

attente à toutes les chastetés de l'imagination
pour former une épouse chaste, et qui déclare
à sa première page que celle qui lui livrera
son cœur est perdue! (*La Nouvelle Héloïse.*)

Voilà un philosophe qui compose un système d'éducation exclusif pour l'aristocratie,
cette exception du peuple, système tel qu'une
nourrice de bonne maison n'oserait pas y
débiter tant de chimères dans un conte de
fées; système tel qu'un Aristote, dans la cour
d'Alexandre, aurait besoin pour le proposer et
pour l'exécuter que chaque père et chaque
enfant appartinssent à la caste des opulents
dans un peuple de satrapes! (*L'Émile.*)

Voilà un vieillard qui se sauve en Angleterre avec un ami, et qui, en route, assassine
de calomnie cet ami pour le prix de la pitié qu'il
lui montre et de l'asile qu'il lui propose!

Voilà un théiste qui, après avoir feint la
profession de déisme contemplatif et de religion pratique, en dehors de toute révélation

surnaturelle, s'en va abjurer, dans une église
de la Suisse, son catholicisme, son théisme,
sa philosophie, et communier sous les deux
espèces, de la main d'un pasteur de village ;

Enfin voilà un nouveau converti qui se
brouille avec son convertisseur, et qui revient
faire des constitutions de commande à Paris,
pour la Pologne et pour la Corse, dont il ne
connaît ni le ciel, ni le sol, ni la langue, ni les
mœurs, ni les caractères, constitutions de rêves
pour ces fantômes de peuples ! bergeries politiques pour nos scènes d'opéra, dont toutes les
institutions sont des décorations, des cérémo-
nies, des rubans, des fêtes, des musiques,
des danses assaisonnées de quelques axiomes
absurdes et féroces pour rappeler les *Harmo-
dius* et les *Catons*, un peu de grec, un peu de
latin et beaucoup de suisse ! (*Voir ces constitutions.*)

Voilà l'homme !

XXIX

Y a-t-il dans tout cela, et tout cela est toute la vie littérale de J.-J. Rousseau, y a-t-il dans tout cela la moindre condition de ce noviciat de raison, de vertu, de science, de voyages à travers le monde, d'études spéciales des institutions sociales, de pratique des choses et des hommes, de nature à former un législateur?

Le prestige du style, l'éloquence des sophismes, la rêverie de l'imagination, l'orgueil du paradoxe, la prétention à la nouveauté, n'y sont-ils pas pour tout, la raison et l'expérience pour rien ?

Est-ce aux témérités d'esprit d'un romancier
solitaire, est-ce aux excentricités d'un cynique
révolté contre la société, est-ce au suprême
bon sens du plus chimérique des rêveurs
après Platon, est-ce à un courtisan des boudoirs
des femmes légères de cour et de ville du
siècle de Louis XV, est-ce au génie malade et
malsain qui n'a jamais pu assujettir sa vie à
aucun travail sérieux, à aucune règle de sociabilité utile, à aucune hiérarchie civile, toujours prêt à changer de Dieu et de patrie,
comme poussé par une Némésis vagabonde à
travers les régions extrêmes de l'idéal ou du
désespoir, depuis le délire jusqu'au suicide?

Est-ce au moraliste, enfin, qui ne prêche
jamais la vertu qu'aux autres dans ses phrases,
et qui s'enveloppe pour lui-même, pour sa
conduite privée, de tous les vices du plus abject égoïsme, depuis l'abandon de son père et
l'ingratitude envers sa bienfaitrice, jusqu'au
déshonneur de sa concubine, jusqu'à la con

damnation sans crime de ses enfants, jusqu'à la
diffamation de ses meilleurs amis, jusqu'à l'in-
vective contre la pitié même qu'on lui prodigue?

Est-ce à de tels signes, dans un tel homme
qu'on peut reconnaître le caractère, l'aptitude,
l'inspiration sociale d'un de ces prophètes politiques que les siècles reconnaissent pour des
législateurs, à l'infaillibilité du bon sens, aux
trésors de l'expérience, à la sublimité d e
inspirations?

Est-ce dans de tels vases fêlés et empoison-
nés que Dieu verse ses révélations pour les
communiquer aux peuples? Est-ce là un Zoroastre? un Moïse? un Confucius? un Lycurgue?
un Solon? un Pythagore? Quelles lettres de
crédit apportées à la démocratie moderne, que
ce livre érotique et orgueilleux des *Confessions*, dont la seule vertu est l'impudeur.
Confessions séduisantes, mais corruptrices,
embusquées, comme une courtisane au coin de

la rue, au commencement de la vie, pour
embaucher la jeunesse, pour dévoiler les nu-
dités de l'âme à l'innocence, et pour se glorifier de tous les vices en humiliant toutes les
vertus?

Non! un tel homme n'a pu être aimé des
dieux, selon l'expression antique, et l'impu-
reté de l'organe aurait altéré, en passant par
sa bouche, l'évangile même du peuple dont on
a voulu le faire, quelques années après, le
Messie.

Voyons cet évangile, dans son *Contrat
social*.

DEUXIÈME PARTIE

———

I

Nous avons dit, dans le dernier Entretien, que J.-J. Rousseau, le premier des hommes doués du don d'écrire, était par sa nature, par son éducation, par sa place subalterne dans la société, par sa haine innée contre l'ordre social, par son égoïsme, par ses vices, le dernier des hommes comme législateur et comme politique, faux prophète s'il en fut jamais, et dont les dogmes, s'ils étaient adoptés par l'opinion séduite de son siècle, devaient nécessairement aboutir aux plus déplorables catastrophes pour le peuple qui se livrerait à ce philosophe des chimères.

Nous avons été confondu d'étonnement, en lisant ces jours-ci le *Contrat social*, du néant sonore et creux de ce livre qui a fait une révolution, qui a prétendu faire une démocratie, et qui n'a pu faire qu'un chaos.

Comment un peuple, qui possédait un Montesquieu, a-t-il été prendre un J.-J. Rousseau pour oracle?

C'est qu'il est plus aisé de rêver que de penser; c'est que le vide a plus de vertiges que le plein; c'est que Montesquieu était la science, et que Jean-Jacques était le délire.

Analysons cet évangile d'un peuple qui avait Mirabeau et courait à Marat; les théories sont dignes des exécuteurs; tout mensonge est gros d'un crime.

II

Le livre commence par cet axiome :

« L'homme est né libre, et partout il est dans
» les fers ! »

De quel homme Rousseau prétend-il parler ?

Est-ce de l'homme isolé ?

Est-ce de l'homme social ?

Si c'est de l'homme isolé, tombé du sein de la
femme sur le sein de la terre, l'homme enfant
n'a d'autre liberté que celle de mourir en naissant, car sans la société préexistante entre la
femme et son fruit conçu par une rencontre purement bestiale, la femme n'est pas même te-

7.

nue à le relever du sol, à le réchauffer sur son
sein et à l'abreuver du lait de ses mamelles; et
si par un premier acte de cette société instinctive qu'on appelle l'amour maternel, l'enfant est
nourri d'abord d'un aliment mystérieux préparé
pour lui par la nature, aussitôt qu'il est sevré,
que devient-il?

Non pas libre assurément, mais esclave de la
faim, de la soif, du froid, de l'arbre qui lui
refuse son fruit, de l'herbe qui pousse ou qui
sèche sous sa main, de l'animal faible ou féroce
qu'il dévore ou dont il est dévoré, de sa nudité
qui l'expose à toutes les intempéries de l'atmosphère, esclave de tous les éléments, enfin; voilà
l'homme naissant fastueusement déclaré libre
par J.-J. Rousseau! Ajoutez que, s'il est rencontré
dans son âge de faiblesse par un autre homme
isolé plus fort que lui, il devient à l'instant
sa victime ou son esclave; en sorte que le premier phénomène que présente la première société, c'est un maître et un esclave, un bour-

reau et une victime, jusqu'à ce que par les années la force du plus âgé devienne faiblesse, et la faiblesse du plus jeune devienne force et oppression, que les rôles changent, et que l'esclavage alternatif passe de l'un à l'autre avec la force brutale.

Voilà l'homme libre de J.-J. Rousseau dans l'état de nature. Dire qu'un tel être naît libre, n'est-ce pas abuser de la dérision du langage et de l'ironie du raisonnement?

Est-ce, au contraire, de l'homme en société que J.-J. Rousseau veut parler? Mais l'homme isolé y naît aussi nécessairement esclave de la société préexistante, que l'homme isolé dans l'état de nature y naît esclave des éléments et des autres hommes!

Esclave de la Providence, qui le fait naître ici ou là, sans qu'il ait choisi ou accepté ni le temps, ni le lieu, ni la saison, ni la condition, ni la famille où il surgit à l'existence; esclave de la mère qui l'accueille ou le repousse de son sein;

esclave du père qui brutalement a le droit de vie ou de mort sur ses enfants; esclave de la famille qui s'élargit ou qui se ferme pour lui; esclave de frères ou de sœurs nés avant lui, qui en font leur serviteur et leur bête de somme pour se décharger sur lui du travail nourricier de tous; esclave de l'État qui lui inflige la condition dans laquelle il doit se ranger; esclave des lois établies qui lui prescrivent l'obéissance non délibérée aux prescriptions sociales; esclave du travail qui doit nourrir lui et ses frères; esclave de la mort, si le salut de la société lui demande sa vie sur les champs de bataille; esclave dans son corps, esclave dans son esprit, esclave dans son âme par la supériorité de force de tous contre un seul, par l'éducation qui lui impose ses idées, par la religion qui lui enseigne ses croyances; esclave de la volonté générale qui lui inflige ses punitions, ses expiations, même la mort.

Voilà, soit dans l'état sauvage, soit dans l'état

de société, voilà l'homme isolé et libre de J.-J.
Rousseau! En sorte que, sans l'une ou l'autre
de ces hypothèses, l'axiome vrai, l'axiome évident est précisément l'axiome contraire à celui
de ce législateur du paradoxe. Au lieu de lire :
L'HOMME NAIT LIBRE ET PARTOUT IL EST DANS
LES FERS , lisez : *l'homme naît esclave* et il
ne devient relativement libre qu'à mesure que
la société l'affranchit de la tyrannie des éléments et de l'oppression de ses semblables par
la moralité de ses lois et par la collection de
ses forces sociales contre les violences individuelles.

Mais que peut-on attendre d'un législateur, ou
aussi grossièrement trompeur, ou aussi stupi-
dement trompé dès sa première ligne? Et que
peut-on attendre d'un démocrate dont le premier principe repose sur une vérité ainsi renversée?

III

En partant de ce principe ainsi renversé, et
en posant à sa démocratie une base aussi fausse
en arrière dans l'état soi-disant de nature, où
peut aller J.-J. Rousseau et où peut-il mener
son peuple? Il le mène fatalement à l'inverse de
toute sociabilité et de tout gouvernement,
c'est-à-dire à l'inverse de toute perfection sociale, à la liberté absolue de l'individu, ce qui
veut dire, comme nous venons de le voir, à l'esclavage absolu de tous ses semblables et de

tous les éléments, à l'isolement, à l'égoïsme, à
la tyrannie, à l'abrutissement, à la mort!

Et voilà l'homme qu'un siècle entier a appelé
philosophe!

IV

Le second axiome est celui-ci :

« Tant qu'un peuple est contraint d'obéir et
» qu'il obéit, il fait bien ; sitôt qu'il peut secouer
» le joug et qu'il le secoue, il fait encore mieux.
» Le droit de la société ne vient point de la na-
» ture. »

Cet axiome suppose de deux choses l'une : ou
que l'obéissance, dénuée de toute raison d'obéir
et de toute moralité dans l'obéissance, n'est que
la contrainte et la force brutale, sans autorité
morale, et alors l'autorité morale de la loi sociale est entièrement niée par ce singulier légis-

lateur de l'illégalité ; ou cet axiome suppose que
le joug des lois est une autorité morale, et alors
ce cri d'insurrection personnelle contre toutes
les lois est en même temps le cri de guerre
légitime, perpétuel, contre toute autorité. Et
alors nommez vous-même de son vrai nom ce
philosophe de la guerre civile !

Le théoricien de l'athéisme moral, le *grand
anarchiste* de l'humanité ! Faites des lois après
cette protestation contre toute autorité des lois !
Faites des démocraties après cette invocation
contre toute association des individus en peuples !

Quel législateur qu'un philosophe qui inscrit
sur le frontispice de ses lois le cri d'insurrection
contre ces lois mêmes !

V

Poursuivons.

Voici la théorie de la famille :

« Sitôt que le besoin que les enfants ont du
» père pour se conserver cesse, le lien naturel
» est dissous ; les enfants exempts de l'obéis-
» sance envers le père, le père exempt des soins
» qu'il devait aux enfants, rentrent également
» dans l'indépendance. Cette liberté commune
» est une conséquence de la nature de l'homme.
» Sa première loi est de veiller à sa propre
» conservation ; SES PREMIERS SOINS SONT CEUX
» QU'IL SE DOIT A LUI-MÊME ; et sitôt qu'il

» est en âge de raison, lui seul, étant juge des
» moyens PROPRES A SE CONSERVER, DEVIENT
» PAR CELA SEUL SON PROPRE MAITRE. »

Si la brute la plus dénuée de toute moralité
écrivait un code de démocratie pour les autres
brutes, c'est ainsi qu'elle écrirait!... Mais non,
nous calomnions la brute; car, bien que le lion-
ceau nouveau-né soit parfaitement inutile et
soit même onéreux au lion qui l'a engendré, cependant le lion, par la vertu occulte de la paternité seulement bestiale, veille et combat
pour sa femelle qui allaite, et s'expose à la
mort pour apporter la nourriture à son lion-
ceau!

Mais si un tel principe calomnie les animaux,
c'est qu'il blasphème encore plus l'homme,
animal doué de moralité dans ses actes et dont
le plus sublime est DEVOIR.

Quel blasphème, disons-nous, contre l'existence même de tout principe spiritualiste, contre toute âme, contre toute divinité dans les

êtres! Quelle plus vile profession de foi d'un
matérialisme absolu, réduisant toute la sociabilité, même celle de l'amour, de la génération et
du sang, à la grossière sensation de la peine, du
plaisir ou des besoins physiques dans le père,
dans la mère, dans l'enfant, blasphème qui donne
pour toute moralité à cette trinité sainte de la
famille, quoi? la basse gravitation physique qui,
détache et qui fait tomber le fruit de l'arbre
quand il est mûr, sans se soucier du tronc qui l'a
porté, et qui fait relever la branche avec indif-
férence quand la branche est soulagée du fruit
détaché!

Ainsi la consanguinité du fils avec le père et
la mère, consanguinité aussi mystérieuse dans
l'âme que dans les veines; ainsi la loi de solidarité génératrice, qui enchaîne la cause à
l'effet dans les parents, et l'effet à la cause
dans les enfants; ainsi la loi d'équité, autrement dit la reconnaissance, qui impose l'amour,
non-seulement affectueux, mais dévoué, au fils,

pour la vie, l'allaitement, les soins, la tendresse, l'éducation, l'affection souvent pénible
dont il a été l'objet dans son âge de faiblesse,
d'ignorance, d'incapacité de subvenir à ses propres besoins; ainsi la loi de mutualité, qui commande à l'homme mûr de rendre à sa mère et à
son père les trésors de cœur qu'il en a reçus
enfant ou jeune homme; ainsi la piété filiale,
nommée de ce nom dans toutes les langues pour
assimiler le culte obligatoire et délicieux des
enfants envers les auteurs de leur vie et les providences visibles de leur destinée au culte de
Dieu!

Ainsi enfin le culte même des tombeaux, com-
mandé aux générations vivantes pour les générations mortes dont les monuments funèbres
prolongent la mémoire et les deuils jusqu'au
delà des sépulcres, pour rappeler les enfants à
la réunion des poussières et des âmes dans la
vie future, où la grande parenté humaine con-
fondra les pères, les mères, les enfants dans la

famille retrouvée et dans l'éternel embrasse-
ment de la renaissance!

Tout cela n'est rien aux yeux du législateur
immoral pour qui tout le spiritualisme social,
et même sentimental, consiste à nier toute loi
morale et tout sentiment, et à ne voir dans la
divine loi de filiation de l'être pensant que le
phénomène d'une séve nourricière, d'une chair
humaine, qui, quand elle a passé d'une veine à
une autre veine, ne laisse à l'espèce renouvelée
que le devoir de fleurir un jour sur les débris
desséchés et indifférents de l'espèce qui fleuris-
sait hier dans le même sillon!

Voilà un beau principe social à établir pour
base des vertus dans toute sociabilité en ce
monde!

Étonnez-vous après cela de ce qu'un pareil
législateur jette une dédaigneuse pitié sur son
père, flétrisse sa bienfaitrice, corrompue par sa
commisération pour lui, se refuse au mariage,
cette tutelle des générations à venir, et jette ses

propres enfants à la voirie publique et aux gémonies du hasard qu'on appelle Hospice des
enfants abandonnés, pour les punir sans doute
d'être nés d'un père aussi dénaturé que ce sophiste législateur!

VI

Après l'établissemen de tels principes, et en écartant toujours le seul principe divin de toute sociabilité, le Dieu qui a créé la souveraineté nécessaire en créant l'homme sociable, Rousseau cherche à tâtons le principe de la souveraineté. Où le trouverait-il, puisque, selon lui, la souveraineté n'est qu'un principe matériel et brutal, fondé seulement sur un intérêt physique et mutuel résultant de nos seuls besoins charnels ici-bas?

Quand vous éteignez Dieu dans le ciel, comment verriez-vous la vérité sur la terre?

Aussi, voyez comme le sophiste s'égare, se
confond et se contredit dans cette recherche
aveugle de la loi de souveraineté à faire accepter aux peuples! Où peut être l'autorité d'une
souveraineté sociale qui ne puise pas son droit
et sa force dans la source de tout droit et de
toute force, la nature et la divinité?

« Le droit, dit-il, n'ajoute rien à la force, »
et quelques lignes plus loin il conteste le droit
à la force. Reste le hasard; il lui répugne. Il
imagine une convention explicite, préexistante
à toute convention, c'est-à-dire un effet avant
la cause, une absurdité palpable, pour toute
explication du mystère social.

Ne faut-il pas en effet que le peuple existe,
qu'il existe en sol, en population, en société, en
connaissance de ses intérêts, de ses droits, de
ses devoirs, en civilisation et en volonté, avant
de convenir qu'il se rassemblera en comices
pour délibérer sur son existence, sur son mode
de sociabilité, sur ses lois, sur sa république ou

sur sa monarchie, et de donner ou de refuser son consentement à ces juges tombés du ciel ou sortis des forêts, Moïse, Lycurgue, Numa, Montesquieu ou Rousseau, sauvages chargés d'improviser la société et de faire voter le genre humain? Toute sagesse serait un scrutin de la barbarie!

Une telle origine de la société et de la politique, de la souveraineté des gouvernements, n'est-elle pas le délire de l'imagination? Les contes de fées racontés aux enfants par leurs nourrices ne sont-ils pas des chefs-d'œuvre de bon sens et de logique auprès de ces contes bleus du législateur de l'ermitage de Montmorency?

VII

Quant à la souveraineté, c'est-à-dire à ce
pouvoir légitime qui régit avec une autorité sacrée les empires, Rousseau la place, la déplace
métaphysiquement ici ou là dans un tel la-
byrinthe d'abstractions, et lui suppose des
qualités tellement abstraites, tellement con-
tradictoires, qu'on ne sait plus à qui il faut
obéir et contre qui il faut se révolter; tantôt
lui donnant des limites, tantôt la déclarant
tyrannique; ici la proclamant indivisible, là
divisée en cinq ou .six pouvoirs, pondérés,
fondés sur des conventions supérieures à toute

convention; collective, individuelle, existant
parce qu'elle existe, n'existant qu'en un point
de temps métaphysique que la volonté unanime
doit renouveler à chaque respiration; déléguée,
non déléguée, représentative et ne pouvant jamais être représentée; condamnant le peuple à
tout faire partout et toujours par lui-même, lui
défendant de rien faire que par ses magistrats;
déclarant que le peuple ne peut jamais vouloir
que le bien, déclarant quelques lignes plus loin
la multitude incapable et perpétuellement mi-
neure. Véritable Babel d'idées, confusion de langues qui ressemble à ces théologies du moyen-
âge où Dieu s'évapore dans les définitions sco-
lastiques de ceux qui prétendent le définir!

Le peuple souverain de Rousseau s'évanouit
comme le Dieu des théologues : on ne sait à qui
croire, on ne sait qui adorer dans leur théologie;
on ne sait à qui obéir dans la souveraineté populaire de Rousseau. La souveraineté y flotte
sans titre, sans base, sans forme, sans organe,

comme un de ces nuages dans le vide auquel l'imagination ivre de métaphysique peut donner les formes et les couleurs qui lui conviennent!

Malheur au peuple qui chercherait ainsi son gouvernement dans les nues! il serait mort avant de l'avoir trouvé pour l'appliquer aux nécessités urgentes et permanentes de son association nationale.

S.

VIII

Quand Rousseau touche à la question des gouvernements, il devient plus inintelligible encore; il est impossible de tirer de ses divisions, subdivisions, pondérations, un seul mode de gouvernement applicable.

Toute affirmation de pouvoir y est contredite par une négation. Démocratie, aristocratie, monarchie représentative, monarchie absolue, démagogie sans limites, sans capacité et sans responsabiltié, théocratie sans contrôle et sans réforme possible; divinité de Dieu incarnée dans le pontife ou dans le corps sacerdotal, gouvernements mixtes, où les pouvoirs se gênent par les frottements ou bien s'équilibrent dans l'im-mobilité par les contre-poids; despotisme, tyran-nie, anarchie, enfin maximes destructives de tout gouvernement, telle que celle-ci :

« LA SOUVERAINETÉ NE PEUT ÊTRE REPRÉ-
» SENTÉE PAR LA MÊME RAISON QU'ELLE NE
» PEUT ÊTRE ALIÉNÉE, PARCE QU'ELLE CON-
» SISTE DANS LA VOLONTÉ GÉNÉRALE ET QUE LA
» VOLONTÉ NE SE REPRÉSENTE PAS! » Idéalité abstraite substituée à toute réalité pratique, et qui rend tout gouvernement impossible en le rendant purement *idéal*.

Écoutez cette autre maxime, non moins anar-chique par ses conséquences : A L'INSTANT OU UN PEUPLE SE DONNE UN REPRÉSENTANT, IL N'EST PLUS LIBRE, IL N'EXISTE PLUS ! » Maxime qui conduirait le peuple à l'ubiquité de temps, de lieu, de fonction, d'aptitude, ou à la servi-tude et à l'anéantissement! Maxime que nous avons vu resurgir des théories métaphysiques

de nos jours, maxime renouvelée des rêveries
de J.-J. Rousseau ; maxime qui ne renverse pas
moins tout bon sens que toute société nationale !

IX

Plus loin, Rousseau prétend établir que, LES CITOYENS ÉTANT ÉGAUX (ce qui n'est pas plus vrai des hommes que des arbres), nul n'a le droit d'EXIGER QU'UN AUTRE FASSE CE QU'IL NE FAIT PAS LUI-MÊME, ce qui condamnerait le souverain à monter la garde à la porte de son propre palais, ou le général à combattre au même rang et au même poste que chacun de ses soldats!

En matière de religion, J.-J. Rousseau professe dans le *Contrat social* la doctrine impie qui impose la tyrannie de l'État jusque dans l'inviolabilité des âmes, la doctrine de l'*unité de religion politique* dans l'État, SANS CELA, dit-il, jamais l'État ne sera bien constitué.

Ainsi ce n'est pas seulement sa liberté que le citoyen doit céder au roi, c'est son âme. Dieu est le sujet du peuple ou du roi !

Quel libéralisme dans ce législateur oppresseur de toute liberté ! la philosophie et la théo-ogie aboutissant à une religion civile et non divine !

Là finit le livre, car la tyrannie populaire ou royale ne va pas plus loin ! *Hic tandem stetimus nobis ubi defuit orbis.*

Fermons donc ce livre, et plaignons le philosophe d'avoir rencontré un tel peuple pour l'admirer, et plaignons le peuple d'avoir eu un tel philosophe pour législateur !

X

Et maintenant que ce déplorable livre a
porté ses fruits de démence et de perdition dans
une démocratie avortée, faute de véritable philosophie dans son faux prophète, essayons de
remettre un peu de bon sens dans la philosophie politique du peuple, et de substituer en
matière de gouvernement quelques vérités pra-
tiques, et par cela même divines, à ce monceau
de chimères devenu un monceau de ruines sous
la main égarée des sectaires d'un aveugle qui
écrivit de génie et qui pensa de hasard.

XI

Qu'est-ce que la société politique entre les hommes ?

Qu'est-ce que la première législation ?

Qu'est-ce que la souveraineté ?

Qu'est-ce que les gouvernements ?

Y a-t-il une seule forme de bon gouvernement? Y en a-t-il plusieurs également bonnes, selon les lieux et les temps, les âges et les caractères des peuples ?

Qu'est-ce que les lois ?

Qu'est-ce que l'administration des lois ?

Qu'est-ce que la famille ?

Qu'est-ce que la propriété?

Qu'est-ce que la liberté?

Qu'est-ce que l'égalité?

Qu'est-ce que la perfection ou la décadence sociale?

Quel est le mode de consulter de véritables et perpétuels oracles de la véritable politique?

Raisonnons et ne rêvons pas; on n'a que trop rêvé depuis Rousseau : raisonnons d'après la nature.

9

XII

Et d'abord, qu'est-ce que la société politique?

La société politique, nullement délibérée, mais instinctive et FATALE dans le sens divin du mot fatal (*fatum*, *destinée*), est un acte par lequel l'homme, né forcément sociable, se constitue en société avec ses semblables.

Cette société politique a-t-elle uniquement pour objet, ainsi que le prétendent J.-J. Rousseau et ses émules les publicistes semi-matérialistes, la satisfaction des besoins matériels de l'homme et l'accroissement de ses jouissances physiques?

Nullement, selon moi ; cette société politique, qui multiplie en effet les forces de l'individu par la force collective de l'association de tous, a certainement pour effet la perpétuation et l'amélioration physique de la race humaine ; mais elle a un objet de plus, une dignité de plus, une moralité de plus, un spiritualisme de plus.

Ce but supérieur à la grossière satisfaction en commun des besoins physiques, cette dignité de plus, cette moralité de plus, ce spiritualisme social de plus, c'est l'âme de l'humanité cultivée par la civilisation, résultant de cette société. C'est la connaissance de son Créateur, c'est l'adoration de son Dieu, c'est la conformité de ses lois avec la volonté de Dieu, qui est en même temps la loi suprême ; c'est le dévouement de chacun à tous, c'est le sacrifice :

En un mot, c'est la vertu.

Toute société fondée sur l'abject égoïsme, toute société dont le premier lien n'est pas le devoir de tous, envers tous, en vue de Dieu, n'est pas un peuple : ce n'est qu'un troupeau. C'est la moralité seule qui en fait une humanité.

La société politique n'est donc pas seulement une société en commandite : c'est une vertu, c'est une religion !

Cette définition, que nous n'avons malheureusement rencontrée jusqu'ici dans aucun publiciste moderne, et qui est pour nous à l'état d'évidence, élève le législateur véritable à la dignité d'oracle, fait du commandement un sacerdoce civil, de l'obéissance un devoir, de l'amour de la patrie un culte, et du dévouement des citoyens au gouvernement une sainteté.

Ce but de la société politique ainsi défini, marqué, dignifié, sanctifié, et, pour ainsi dire, divinisé, je me demande : Qu'est-ce que le premier législateur ? Et je me réponds :

Le premier et l'infaillible législateur, c'est celui qui a fait l'homme, c'est celui qui, en faisant l'homme, a mis en germe dans l'âme de sa créature ces lois, non écrites, mais vivantes,

consonnances divines de la nature intellectuelle
de l'homme avec la nature de Dieu, consonnances qui font que, quand le *verbe extérieur*, la
loi parlée, se fait entendre, à mesure que
l'homme a besoin de loi pour fonder et perfectionner sa société civile, la conscience de tout
homme, comme un instrument monté au dia-
pason divin, se dit involontairement : C'EST
JUSTE; c'est Dieu qui parle en nous par la con-
sonnance de notre esprit avec sa loi! Obéissons
pour notre avantage, obéissons pour la gloire
de Dieu!

Donc, le suprême législateur est celui qui a
créé d'avance en nous l'écho préexistant de ses
lois, la conscience, cet écho humain de la justice divine!

Qu'est-ce que toutes les lois qui n'emportent
pas avec elles le sentiment de la justice, cette
sanction de la loi?

Donc le législateur, ce n'est ni le rêveur qui
appelle loi ses chimères, ni le tyran qui appelle

loi ses caprices : ces lois-là emportent avec elles
leurs perturbations et leurs révoltes. Le véritable législateur est celui qui dit en nous :

Cette loi est juste, et parce qu'elle est juste,
elle est utile, elle est obligatoire.

Et, parce qu'elle est juste, utile, obligatoire,
elle est le devoir religieux de tous envers chacun et de chacun envers tous.

Et parce qu'elle est devoir envers les hommes, créatures de Dieu, elle est devoir envers
Dieu lui-même, père et législateur.

Et, parce qu'elle est devoir envers Dieu, Dieu
la vengera.

Voilà le législateur suprême et le véritable
oracle humain; dans la société spiritualiste, la
législation est sacrée parce que son législateur
est divin.

Cela ressemble peu à la société charnelle de
J.-J. Rousseau et à la société économique des
Américains du Nord.

L'une a pour but de bien brouter la terre, en

tirant chacun à soi la plus large part de la nappe terrestre; l'autre a pour but de nourrir le corps, sans doute, par la loi impérieuse du travail, mais elle a un but supérieur: élever l'âme du peuple par la pensée de Dieu, par la piété envers Dieu, par le dévouement envers ses semblables, jusqu'à la dignité de créature intelligente et morale, jusqu'à la glorification du Créateur par sa créature; en un mot, diviniser la société mortelle autant que possible sur cette terre, pour la préparer au culte de son éternelle divinisation dans un autre séjour.

J'avoue que je n'ai jamais pu comprendre autrement le législateur et la législation sociale. Serait-ce une œuvre bien digne d'un Dieu, que la création d'un instinct social qui n'aurait pour fin que de faire brouter en commun une race de bipèdes sur un sillon fauché en commun, afin que la mort, fauchant à son tour cette race ruminante à gerbes plus épaisses, engraissât de générations plus fécondes ces mêmes sillons?

Si l'homme de l'humanité ne cultivait que le blé, et ne multipliait que pour la mort sur l'écorce de cette planète, le regard de la Providence divine daignerait-il seulement y tomber?

Otez la vertu du plan divin du Législateur suprême, à quoi bon avoir donné une âme à ce troupeau? Il suffirait de lui avoir donné une mâchoire.

Voilà cependant la législation de J.-J. Rousseau!

XIII

Et la souveraineté, dont ce philosophe parle tant sans pouvoir la définir, parlons-en à notre tour.

Qu'est-ce, selon lui et ses disciples, que la souveraineté, cette régulatrice absolue et nécessaire de toute société politique?

C'est, selon la meilleure de ces innombrables définitions, la volonté universelle des êtres associés.

Mais, répondrons-nous aux sophistes, indépendamment de ce que cette volonté, supposée unanime, n'est jamais unanime, qu'il y a tou-

9.

jours majorité et minorité, et que la supposition
d'une volonté unanime, là où il y a majorité
et minorité, est toujours la tyrannie de la volonté la plus nombreuse sur la volonté la moins
nombreuse;

Indépendamment encore de ce que le moyen
de constater cette majorité n'existe pas ou
n'existe que fictivement;

Indépendamment enfin de ce que le droit de
vouloir, en cette matière si ardue et si métaphysique de législation, suppose la capacité
réelle de vouloir et même de comprendre, capacité qui n'existe pas au même degré dans les
citoyens ;

Indépendamment de ce que ce droit de vouloir, juste en matière sociale, suppose un désintéressement égal à la capacité dans le législateur,
et que ce désintéressement n'existe pas dans
celui dont la volonté intéressée va faire la loi;

Indépendamment de tout cela, disons-nous, si
la souveraineté n'était que la volonté générale,

cette volonté générale, modifiée tous les jours
et à toute heure par les nouveau-venus à la vie
et par les partants pour la mort, nécessiterait
donc tous les jours et à toute seconde de leur
existence une nouvelle constatation de la volonté générale, tellement que cette souveraineté,
à peine proclamée, cesserait aussitôt d'être; que
la souveraineté recommencerait et cesserait
d'être en même temps, à tous les cligne-
ments d'yeux des hommes associés, et qu'en
étant toujours en problème la souveraineté, cesserait toujours d'être en réalité?

Qu'est-ce qu'un principe pratique qui ne peut
exister qu'à condition d'être abstrait, et qui
s'évanouit dès qu'on l'applique?

Or la souveraineté ne peut être une fiction,
puisqu'elle est chargée de régir les plus formi-
dables des réalités, les intérêts, les passions et
l'existence même des peuples.

XIV

Toutes les autres définitions que J.-J. Rousseau et ses disciples font de la souveraineté ne
méritent pas même l'honneur d'une réfutation;
celle-ci était spécieuse, les autres ne sont pas
même des sophismes, elles ne sont que des paradoxes. C'est plus haut, c'est plus profond qu'il
faut, selon nous, découvrir et adorer la véritable souveraineté sociale.

Cherchons.

XV

La société est-elle ou n'est-elle pas de droit divin?

En d'autres termes, la sociabilité humaine, qui ne peut exister sans souveraineté, n'est-elle pas une création de Dieu préexistant et coexistant avec l'homme sociable?

Très-évidemment oui! L'homme a été créé par Dieu un être essentiellement sociable, tellement sociable que, s'il cesse un moment d'être sociable, il cesse d'exister; l'état de société lui est aussi nécessaire pour exister que l'air qu'il respire ou que la nourriture qui soutient sa vie.

Par tous ses instincts, par tous ses besoins, par toutes ses conservations, par toutes ses multiplications, par toutes ses perpétuations de vie ici-bas, l'homme a besoin de la société comme la société a besoin de la souveraineté. Contemplez la nature.

L'homme en a besoin même pour naître et avant d'être né. Si Dieu avait voulu que l'homme naquît et vécût isolé, il l'aurait fait enfant de la terre ou de lui-même, sans l'intervention mystérieuse des sexes et sans l'intervention féconde de ce second créateur qu'on nomme l'amour, et qui est la première et la plus irrésistible sociabilité des éléments et des âmes.

Il l'aurait fait naître dans toute sa force, dans le développement accompli de ses facultés physiques et morales, sans aucune de ces gradations de l'âge, sans aucune de ces impuissances, de ces faiblesses, de ces ignorances de l'enfant nouveau-né, qui condamne le nouveau-né à la société de la mère, ou à la mort si la mère lui refuse la mamelle, si le père lui refuse la protection, la nourriture pour subsister; et, quand la mamelle tarit pour l'enfant, la mère, elle-même, que deviendrait-elle avec son enfant sur les bras, sans la société du père, que l'amour conjugal et que l'amour paternel attachent par un double instinct de vertu désintéressée à ces deux mêmes êtres dépendants de lui?

La mère et le père vieillis et infirmes par l'usure du temps, devenus incapables de se nourrir et de se protéger eux-mêmes, que deviendraient-ils si les enfants, dénués, comme ceux que suppose Rousseau, de tout spiritualisme, de toute reconnaissance, de toute piété filliale, cessaient de former avec les auteurs de leurs jours la sublime et douce société de la famille?

Voilà donc dans cette trinité du père, de la mère, de l'enfant, nécessaires les uns aux autres sous peine de mort, la preuve évidente que la sociabilité et l'humanité c'est un même mot.

Or, comme la souveraineté, c'est-à-dire l'autorité et l'obéissance, sont deux conditions, absolues aussi, de toute société grande et petite, voilà donc la preuve évidente que *la souveraineté, c'est la nature.*

Ce n'est là ni une convention délibérée sans langue et sans raisonnement, ni un droit de la force toujours contre-balancée par cent autres forces, ni une aristocratie sans corporations, sans hérédité, sans ancêtres, ni une démocratie sans égalité possible, qui ont pu inventer et proclamer cette souveraineté chimérique de J.-J. Rousseau.

C'est la nature : elle seule était assez révélatrice des lois sociales pour inculquer à l'humanité cette condition de son existence; elle seule était assez puissante pour faire obéir cette humanité, égoïste et toujours révoltée, à cette dure condition naturelle de la sociabilité qu'on nomme souveraineté. Or, comme la nature, c'est l'oracle du Créateur, par les instincts propres à chacune de ses créatures, la souveraineté, c'est donc Dieu !

Pourquoi chercher dans les définitions quintessenciées et amphigouriques des écoles le principe de la souveraineté? Le principe, c'est Dieu, qui a voulu que l'homme sociable et perfectible développât comme un magnifique spectacle devant lui ce phénomène matériel, et surtout intellectuel et encore plus moral, de la société; et c'est la nature, interprète de Dieu, qui a donné à l'homme dans tous ses instincts le germe de toutes ses lois et la condition absolue de cette souveraineté sans laquelle aucune société ne subsiste, parce qu'aucune loi n'est obéie.

La véritable autorité sociale, qu'on appelle souveraineté, est donc divine; divine, parce qu'elle est naturelle.

Voilà la souveraineté, voilà l'autorité morale, voilà l'obéissance obligatoire, voilà les titres et la sanction de la loi.

Religion innée, dans ce système la société mérite ce vrai nom, car elle relie les hommes entre eux et les agglomérations d'hommes à Dieu! Bien obéir, c'est honorer l'auteur de toute obéissance; bien gouverner, c'est refléter Dieu dans les lois ; bien défendre les lois, les gouvernements et les peuples, c'est être le ministre de la nature et de la divinité. La vraie souveraineté c'est la vice-divinité dans les lois.

XVl

Et qu'est-ce que les gouvernements?

Les gouvernements sont la souveraineté en
action, le mécanisme social par lequel cette
souveraineté, divine dans son essence, humaine
dans ses moyens, s'exerce sur les groupes plus
ou moins nombreux dont les sociétés se compo-
sent : familles d'abord, tribus après, peuplades
ensuite, confédérations ou monarchies de même
origine enfin. Peu importe que la souveraineté
soit multiple, comme dans les républiques, ou
une, comme dans les monarchies absolues, ou
mixte, comme dans les royautés limitées, ou

représentative, comme dans les pouvoirs électifs : pourvu que la souveraineté y soit obéie, le
gouvernement existe et la société y est main-
tenue.

Ces formes diverses et successives du gouvernement ne sont ni absolument bonnes, ni absolument mauvaises en elles-mêmes : elles sont
relativement bonnes ou mauvaises, selon qu'elles servent plus ou moins bien la souveraineté
qu'elles sont chargées d'exprimer et de servir;
tout dépend de l'âge, du caractère, des mœurs,
des habitudes, du nombre, du site, du climat,
des limites, de la géographie même des peuples
qui adoptent telle ou telle de ces formes de
gouvernement. Patriarcale en Orient, théocratique dans les Indes, monarchiquement sacerdo-
tale en Judée et en Égypte, royale en Perse,
aristocratique en Italie, démocratique en Grèce,
pontificale à Jérusalem et dans Rome moderne,
élective et anarchique dans les Gaules, représentative et hiérarchique en Angleterre, cheva-

leresque et monacale en Espagne , équestre
et turbulente comme les hordes sarmates en
Pologne et en Hongrie, assise, immobile et for-
maliste en Allemagne, mobile, inconstante, militaire et dynastique en France, la forme du
gouvernement varie partout, la souveraineté,
jamais.

Du patriarche d'Arabie au mage de Perse, du
grand roi de Persépolis au démagogue d'Athènes, du consul de Rome aristocratique au César de Rome asservie dans le bas empire, du
César païen au pontife chrétien souverain dans
le Capitole; de Louis XIV, souverain divinisé
par son fanatisme dans sa presque divinité
royale, aux chefs du peuple élevés tour à tour
sur le pavois de la popularité ou sur l'échafaud
où ils remplaçaient leurs victimes; des démagogues de 1793, du despote des soldats, Napoléon,
affamé de trônes, aux Bourbons rappelés pour
empêcher le démembrement de la patrie; des
Bourbons providentiels de 1814 aux Bourbons

électifs de 1830, des Bourbons électifs, précipi-
tés du trône, à la république, surgie pour rem-
plir le vide du trône écroulé par la dictature
de la nation debout; de la république au second empire, second empire né des souvenirs
de trop de gloire, mais second empire infiniment plus politique que le premier, calmant
dix ans l'Europe avant d'agiter de, nouveau la
terre, agitant et agité aujourd'hui lui-même par
les contre-coups de son alliance sarde, insatia-
ble en Italie, contre-coups qui, si la France ne
prononce pas le *quos ego* à cette tempête des
Alpes, vont s'étendre du Piémont en Germanie,
de Germanie en Scythie, de Scythie en Orient,
créer sur l'univers en feu la souveraineté du
hasard; de tous ces gouvernements et de tous
ces gouvernants, la souveraineté, souvent dans
de mauvaises mains, mais toujours présente,
n'a jamais failli; c'est-à-dire que la souveraineté, instinct conservateur et résurrecteur
de la société naturelle et nécessaire à l'homme,

n'a pas été éclipsée un instant dans l'esprit humain.

On a pu proclamer tour à tour le règne du père de famille, le règne du chef de tribu, le règne de la majorité dans les nations délibérantes sans magistrats héréditaires, le règne du sacerdoce dans les théocraties, le règne des grands dans les aristocraties, le règne des rois dans les monarchies, le règne des chefs temporaires dans les républiques, le règne du peuple dans les démocraties, le règne des soldats dans les régimes de force, le règne même des démagogues dans les démagogies, le pire des règnes selon Corneille; mais la souveraineté administrée par des mains intéressées, perverses, violentes, tyranniques, anarchiques, même infâmes, était encore la souveraineté, c'est-à-dire l'instinct social condamnant les hommes à vivre en société imparfaite, même détestable; par la loi même de la nécessité : LA SOUVERAINETÉ DE LA NATURE.

XVII

Ce besoin divin de la souveraineté administrée par des gouvernements plus ou moins par-
faits, est le travail le plus persévérant de l'humanité, ce qu'on appelle la civilisation, ou le
perfectionnement des conditions sociales, le
PROGRÈS; travail pénible, lent, quelquefois heureux, souvent déçu, plein d'illusions, d'utopies,
de déceptions, de révolutions ou de contre-ré-
volutions, selon que les peuples et leurs législateurs s'éloignent ou se rapprochent davantage
dans leurs lois précaires des lois non écrites de
la nature sociale révélées par Dieu lui-même à
l'humanité.

Les gouvernements font les lois.

Qu'est-ce donc que les lois?

Les lois sont des règlements obligoires promulgués par les gouvernements pour faire vivre les sociétés nationales en ordre plus ou moins durable, en justice plus ou moins parfaite, en moralité plus ou moins sainte entre eux.

Plus les lois sont obéies, c'est-à-dire capables de maintenir en ordre la société nationale, plus elles sont conformes à la souveraineté de la nature, qu'elles ont pour objet de manifester et de maintenir pour conserver aux hommes les bienfaits de la société.

Plus les lois renferment de justice, c'est-à-dire de conscience et de révélation des volontés de Dieu par l'instinct, plus elles sont vraies, utiles, obéies par les peuples qui les adoptent pour règle.

Plus les lois s'élèvent au-dessus des simples rapports réglementaires d'homme à homme jusqu'au rapport de l'homme spiritualisé avec

10

Dieu, plus elles sont ce qu'on appelle morales, plus elles ennoblissent, sanctifient, divinisent la société.

Ces trois caractères de la loi, la règle, la justice, la moralité, sont donc les degrés successifs par lesquels la société politique se fonde et s'élève d'abord par l'ordre, se légitime ensuite par la justice, s'accomplit enfin par la moralité.

Ainsi d'abord ordre entre les hommes, sans quoi la société elle-même s'évanouit.

Justice entre les hommes, sans quoi la société n'est que tyrannie.

Spiritualisme, moralité dans les lois, pour que la civilisation ne soit pas seulement matérielle, mais vertueuse, et pour que l'âme de l'homme ne progresse pas moins que sa race périssable dans une civilisation vraiment divine et indéfinie sur cette terre et au delà de cette terre.

Voilà les trois caractères de la loi!

Qu'il y a loin de cette législation marquée du

sceau de la vertu, de la moralité, de la divinité, à cette législation toute utilitaire, toute mécanique, toute matérielle et toute cadavéreuse du *Contrat social* de J.-J. Rousseau et de ses disciples! Dans ce système il y a contrat entre les hommes et leurs besoins physiques; dans notre système, à nous, il y a contrat entre l'homme et Dieu. Votre législation finit avec l'homme, la nôtre se perpétue et se divinise indéfiniment à travers les éternités.

Ce n'est donc pas la question de savoir laquelle de vos lois est plus monarchique ou plus républicaine, plus autocratique ou plus démocratique, mais laquelle est plus imprégnée de règle innée, de justice divine, de moralité supérieure à l'abjecte matérialité des intérêts purement physiques de l'espèce humaine.

En un mot, selon vous, les meilleures lois sont celles qui contiennent le plus d'utilités.

Selon nous, les meilleures lois sont celles qui contiennent le plus de vertus!

Il y a un monde entre ces deux systèmes.

Lisez le *Contrat social*, et demandez-vous, en finissant la lecture, si vous vous sentez une vertu de plus dans l'âme après avoir lu.

Lisez les législations de Confutzée, de l'Inde antique, du christianisme sur la montagne, de l'islamisme même dans le Coran, et demandez-vous si vous ne vous sentez pas soulevé d'autant de vertus de plus au-dessus de la législation du *Contrat social* et de la civilisation matérialiste de nos temps, qu'il y a de distance entre l'égoïsme et le sacrifice, entre la machine et l'âme, entre la terre et le ciel.

Voilà notre civilisation : la vôtre broute, la nôtre aime ; choisissez !

XVIII

De ces lois promulguées par les gouvernements, expression diverse de la souveraineté de
la nature, les unes sont purement réglementaires, accidentelles, circonstancielles, passa-
gères comme les besoins, les temps, les intérêts fugitifs des nations; les autres, et en très-
petit nombre, sont ce que l'on appelle organiques, c'est-à-dire résultantes de l'organisation
même de l'homme et nécessaires à l'homme en
société, quelque gouvernement du reste qu'il ait
adopté pour vivre en civilisation.

Les préceptes de ces lois organiques, qui sont
les mêmes en principe chez tout ce qui porte le

10.

nom de peuple, sont les lois qui concernent la vie, la famille, la propriété, l'hérédité, le gouvernement, la morale, la religion, la défense de la patrie, héritage commun à toutes les nations, les conditions du travail et d'alimentation, le secours du riche à l'indigent, la mutualité des devoirs, l'éducation, l'application de la justice, l'expiation des crimes ou des actes attentatoires à la société qui est la vie de tous, et que tous appellent crimes.

Voulez-vous avoir la nomenclature sommaire, et cependant complète, de toutes ces lois organiques émanées pour ainsi dire du Législateur suprême : la nature de l'homme? Lisez les décalogues antiques des législations primitives profanes et sacrées. C'est là que vous voyez et que vous entendez la souveraineté de la nature, s'exprimant par ces lois instinctives qui révèlent le Créateur de l'homme sociable dans les prescriptions nécessaires à toute société politique.

Quel est le premier besoin de l'homme venu à la vie? C'est le besoin de conserver la première de ses propriétés, la VIE. Aussi la défense de tuer et le droit de réprimer et de punir celui qui tue, sont-ils placés en tête de toute législation sociale : TU NE TUERAS PAS. Cette propriété de la vie par celui qui la possède est tellement instinctive, unanime et de droit divin, puisqu'elle est d'inspiration de la nature, que vous ne trouvez pas une législation primitive ou un code moderne où elle ne soit écrite à la première page. L'instinct dit : Je veux vivre; la nature dit : Tu as le droit de vivre; la loi dit : Tu vivras. C'est le décret de la souveraineté de la nature, et, en l'écrivant dans ton droit de vivre, elle a écrit en même temps ta destinée d'être sociable ; car, sans la société naturelle, tu ne vivrais pas, et, sans la société légale, tu aurais bientôt cessé de vivre.

La défense du meurtre est donc la première des lois révélées par la souveraineté de la nature.

Si tu fais mourir, tu mourras, est la première aussi des lois écrites par la souveraineté sociale. C'est donc de droit divin que l'homme vit, et c'est de droit divin qu'il s'est groupé en société pour vivre.

XIX

De ce droit divin de vivre résulte pour lui le droit d'exercer, sous la garantie de la société, tous les autres droits indispensables à son existence.

Le second de ces droits, c'est le droit de s'approprier toutes les choses nécessaires à son existence, sous la garantie de la société, qui doit la même inviolabilité à tous ses membres. De là, les lois sociales sur la propriété, lois sans lesquelles l'homme ne pourrait subsister que de crimes. Or, comme le crime serait mutuel, l'homme cesserait promptement d'exister.

La propriété, et la propriété individuelle, est un des décrets du droit divin, sur lesquels la philosophie, si dérisoirement nommée socialiste, de J.-J. Rousseau, a répandu dans ces derniers temps le plus de ténèbres, le plus de paradoxes, le plus de sophismes destructeurs de toute société, et, par conséquent, de toute humanité sur la terre. C'est là que l'insurrection de l'ignorance et de la démence contre la souveraineté de la nature a été et est encore le plus blasphématoire de la société politique. On dirait que l'excès même d'évidence du droit de propriété a aveuglé, en les éblouissant, ces insurgés contre la nature qu'on appelle *socialistes*, sans doute comme on appelait à Rome les destructeurs d'empires du nom des nations qu'ils avaient anéanties.

Remettons sous les yeux des hommes de bon sens, riches, pauvres, indigents même, la vérité sur ce mystère sacré des lois de la propriété.

Jamais la souveraineté de la nature n'a parlé
plus clairement que dans cette relation instinctive qui dit à l'homme par tous ses besoins : Tu
posséderas ou tu mourras.

XX

L'homme physique est un être qui ne subsiste que des éléments qu'il s'approprie dans toute la nature en venant au monde et en s'y développant jusqu'à la mort. C'est l'être propriétaire et héréditaire par excellence ; sitôt qu'il cesse de s'approprier toute chose autour de lui, avant lui, après lui, il cesse d'exister.

Embryon, il s'approprie dans le sein de sa mère la vie occulte et germinante dont il forme ses organes appropriateurs avant de paraître au jour. En paraissant à la lumière, et avant de pouvoir exercer ses organes, il s'approprie par sa bouche et par ses deux mains les mamelles, ces sources de vie, périssant à l'instant si on le dépossède de ce lait qui lui appartient, car il a été filtré pour lui dans les veines de la femme.

Il s'approprie une partie de l'espace, dans une part à lui destinée par la mesure de ses membres qui le remplissent, et qui lui appartient, en s'agrandissant, à la mesure de ses bras, de ses pas, de ses mouvements dans le nid; et, s'il en est dépossédé, il périt étouffé, faute de place au soleil.

Il s'approprie, par l'acte même de la respiration, l'air nécessaire au jeu de ses poumons et à la circulation de son sang, et, si on l'en dépossède, il étouffe, il meurt exproprié de sa part d'air respirable.

Il s'approprie la chaleur du sein maternel ou du soleil qui vivifie tout ce qu'il éclaire, ou du feu qui sort de l'arbre pour suppléer le soleil absent, et il meurt s'il est dépossédé de tout calorique, partie obligée de son existence.

11

Il s'approprie, en ouvrant les yeux, la lumière, sans laquelle ses mains et ses pieds deviennent inutiles à sa subsistance et à ses mouvements, et il languit dépossédé de sa part au jour.

Il s'approprie les fruits de l'arbre, l'herbe des sillons, la chair des animaux, nourriture sanglante, presque criminelle, et, si on l'en exproprie, il meurt dépossédé de sa part à l'alimentation nécessaire à la vie, convive affamé chassé du banquet terrestre; et ce banquet même tarit pour tous les convives : car, si la terre n'est pas possédée par celui qui l'ensemence et la moissonne, nul n'a intérêt à la cultiver et à l'ensemencer. Morte la propriété, morte la terre; morte la terre, morte l'humanité!

Les communistes sont donc tout innocemment les meurtriers en masse de la race humaine. Il ne faut pas les exterminer comme meurtriers, il faut les plaindre et les réprimer comme suicides. Leur crime n'est qu'ignorance, leur crime

même n'est qu'utopie, c'est de la vertu en délire; mais le délire de la vertu n'a pas des effets
moins funestes que celui du crime.

Cette contagion a possédé Platon, les premiers économistes populaires, affamés de l'é-
cole néo-chrétienne, les sectaires musulmans
de la Caramanie et de la Perse, les anabaptistes
allemands, ivres de sang et de rêves, et enfin
les philosophes prolétaires de nos jours, insen-
sés de misère, vivant du travail industriel, et
demandant l'extinction du capital pour multiplier le revenu, l'anéantissement du travail
pour multiplier le salaire, et l'égalité du salaire
pour égaliser l'oisiveté avec le travail!

O esprit humain! jusqu'où peux-tu descendre
quand l'esprit d'utopie prétend se substituer à
l'esprit de bon sens, et inventer une souveraineté de l'absurde en opposition avec la souveraineté de l'instinct!

Il faudrait des volumes pour énumérer toutes
les choses physiques et morales qui forment l'in-

ventaire des propriétés physiques et morales nécessaires à la vie de l'humanité; ce sont ces choses qui ont fait de l'homme, en comparaison des
autres êtres qui ne possèdent que ce qu'ils déro-
bent, le premier des êtres, L'ÊTRE PROPRIÉ-
TAIRE, le plus beau nom de l'homme!

XXI

Mais si la propriété individuelle est une loi aussi naturelle et aussi nécessaire à l'espèce humaine que la respiration, l'hérédité, qui n'est que la propriété de la famille continuée après 'individu, n'est pas moins indispensable à la amille.

Si donc la famille, comme nous l'avons démontré, est nécessaire à la continuation de 'espèce, l'hérédité, sans laquelle il n'y a pas le famille, est donc de souveraineté naturelle, le droit divin, de sociabilité absolue.

Supposez, en effet, que le père en mourant emporte avec lui tout son droit de propriété dans la tombe, et que la propriété soit viagère

dans le chef de cette société naturelle de la famille; le père mort, que devient l'épouse, la
veuve, la mère? Que deviennent les fils et les
filles? Que deviennent les aïeux survivants? les
vieillards, les infirmes, les incapacités touchan-
tes du foyer et du berceau? L'expulsion du toit
et du champ paternels, la mendicité aux portes
des seuils étrangers, la glane dans le sillon
sans cœur, le vagabondage à travers la terre, la
couche sous le ciel et sur la neige, la sépa-
ration des membres errants de la même chair,
le déchirement de tous ces cœurs qui ne fai-
saient qu'un, la destruction de la parenté,
cette patrie des âmes, cet asile de Dieu préparé,
réchauffé, perpétué pour la famille; les mœurs,
l'éducation des enfants, la piété filiale et la
reconnaissance du sang pour la source d'où il a
coulé et qui y remonte par la mémoire en action
qu'on appelle tendresse des fils pour leur père et
leur mère; tout cela (et c'est tout l'homme,
toute la société), tout cela, disons-nous, périt

avec l'hérédité des biens dans la loi. Sans l'hérédité la propriété n'est plus qu'un court égoïsme,
un usufruit qui laisse périr la meilleure partie
de l'homme, l'avenir !

Ces philosophes à rebours qui proclament
que *la propriété, c'est le vol*, et l'hérédité un
privilége, volent en même temps à l'homme la
meilleure partie de l'homme, la perpétuité de
son existence, et constituent au profit de leur
viagèreté jalouse et personnelle le privilége du
néant.

Si de telles législations étaient adoptées sur
parole par les prolétaires du socialisme, il ne
resterait aux veuves, aux orphelins, aux pères
et aux mères survivants qu'à adopter le suicide
en masse après la mort du propriétaire, et de
se coucher sur le bûcher du chef de là famille
pour périr au moins ensemble sur les cendres
du même foyer !

Les gouvernements n'ont été institués que
pour défendre la propriété et l'hérédité des

biens contre le pillage universel ou périodique,
qui commence par des sophismes et qui finit
par des jacqueries.

La souveraineté de la nature dit à l'homme :
Tu seras propriétaire, sous peine de mort de
l'individu ; et la souveraineté de la nature dit à
la propriété : Tu seras héréditaire, sous peine
de mort de la famille ; enfin, la souveraineté de
la nature dit à la société : Tu seras héréditaire
sous peine de mort de l'humanité. La loi venge-
resse des attentats du sophisme contre ces décrets de la nature, c'est la mort de l'espèce.
« Je n'ai pas seulement créé, » fait dire le sage
persan au Créateur, « j'ai créé les fils et les
« générations des fils sur la terre. L'hérédité
» est la propriété des fils ; les lois doivent la
» garder plus jalousement encore que celle des
» pères, car ces possesseurs ne sont pas encore
» nés pour la défendre eux-mêmes. Il faut leur
» réserver leur part des biens qui leur appar-
» tiennent par droit de temps. »

XXII

Mais si la souveraineté de la nature, dont les décrets se manifestent par la nécessité, proclame clairement la loi de la propriété et celle de l'hérédité des biens, cette loi naturelle n'est ni aussi claire ni aussi unanime en ce qui concerne la part plus ou moins égale dans laquelle la propriété héréditaire doit se diviser entre les veuves, les fils, les filles, les enfants, les parents du chef de la famille.

On cherche encore avec une certaine hésitation, balancée entre des raisons contraires et très-douteuses, si ces parts des survivants dans

l'héritage doivent être égales, presque égales,
ou tout à fait inégales; on se demande si le
droit de tester, ce despotisme absolu du propriétaire, qui est aussi le supplément de l'autorité paternelle, si nécessaire au gouvernement
de la famille, doit exister sans contrôle de l'État
et de la loi des partages. On se demande si le
droit d'aînesse, cette espèce de jugement de
Dieu, qui tire au sort la propriété, ce droit du
premier occupant dans la vie, doit être là loi
de l'hérédité. On se demande si les sexes doivent faire des différences dans la loi de partage;
si les filles, par leur état de faiblesse et de minorité, espèce d'esclavage attribué par la nature à
la femme, doivent posséder des propriétés terri-
toriales qu'elles ne peuvent pas assez défendre.On
se demande si, quand l'état de mariage les fait
suivre forcément hors du foyer de la famille un
maître ou un époux qui les assujettit à son empire, elles doivent emporter dans des familles
étrangères la propriété héréditaire de leur pro-

pre famille. On se demande si les fils nés après
l'aîné du lit paternel, doivent être déshérités de
tout ou d'une partie par le droit d'aînesse qui
les prime dans la vie.

Les titres de ces divers survivants à la totalité
ou à des proportions équitables d'héritage, sont
divers, opposés, contestés, affirmés, contradic-
toires, sujets à des controverses incessantes, à
des législations aussi variées que les climats,
les natures de propriétés, les monogamies ou
les polygamies, les religions ou les lois civiles,
les aristocraties ou les démocraties.

Rien n'est plus difficile que de statuer sur
cette unité de l'hérédité, ou sur cette répartition de l'hérédite entre les porteurs d'un même
titre devant la famille, devant l'égalité, devant
Dieu. Ici la souveraineté de la nature ne parle
pour ainsi dire plus intelligiblement aux législateurs. C'est la société politique, diverse dans
ses formes, qui prend la parole et qui parle
seule.

Une fois le principe de propriété et celui
d'hérédité admis par leurs nécessités et leurs évi-
dences, le principe, infiniment moins évident,
infiniment moins absolu, de l'unité ou de la
division de l'héritage, flotte au gré du temps,
des mœurs, des formes monarchiques, aristocratiques, démocratiques, de la société nationale.

Ce n'est pas seulement la nature, ce n'est
pas seulement la justice innée qui fait la loi :
c'est l'utile, c'est l'intérêt politique de la forme
sociale dans laquelle la propriété héréditaire
est distribuée entre un et plusieurs, entre plusieurs et tous ; c'est l'inégalité ou l'égalité de
partage correspondant à l'égalité ou à l'inégalité
des droits civils, à la souveraineté d'un seul, ou
à la souveraineté de plusieurs, ou à la souveraineté de tout le peuple. Le juste et l'utile font ou
défont, selon les lieux, l'hérédité. L'hérédité
des biens dans la famille est en général la mesure correspondante de l'hérédité de l'État, ou

de l'hérédité des castes, ou de l'hérédité des enfants, ou de l'hérédité même des trônes.

L'âge patriarcal, souveraineté paternelle absolue, mais providentielle, du père, première image de la souveraineté paternelle de Dieu, père universel de toute race, admet partout le droit d'aînesse dans l'hérédité, ou le droit absolu de tester en faveur du favori, du Benjamin du père; le père se continue dans celui que Dieu lui a envoyé le premier, ou dans celui qu'il a choisi pour son bien-aimé parmi ses frères. L'homme mort, sa volonté ne meurt pas : elle revit dans l'aîné ou dans le plus chéri, ou dans le plus capable de sa race.

Ce droit d'aînesse, contre lequel l'égalité moderne s'est si énergiquement prononcée, et qu'elle a effacé presque totalement de son code en France, n'a pas été si complétement effacé encore chez les autres peuples, orientaux ou européens, républicains ou monarchiques. Il ne le sera vraisemblablement jamais.

Le peuple, plus il est peuple, c'est-à-dire plus
il est gouverné par les instincts de la nature,
tient à ce droit d'aînesse avec plus de ténacité
que l'aristocratie elle-même. Le peuple trompe
presque constamment la loi française de l'égalité des partages, en privilégiant les aînés de ses
enfants sur les puînés, ou les fils sur les filles.
Le père de famille veut ainsi conserver, malgré
la loi, la souveraineté naturelle en l'exerçant
encore après lui; il veut perpétuer, autant qu'il
est en lui, sa famille et son nom, en laissant
dans les mains d'un chef de maison la maison,
le domaine, la richesse relative de la royauté
domestique, qui constate la suprématie de la
famille dans la contrée, au lieu de distribuer
entre un grand nombre des parcelles de fortune que la moindre catastrophe dissipe en
poussière en tant de mains. Un second, un
troisième partage finissent par réduire au prolé-
tariat ou à l'indigence la famille. Le peuple aime
ainsi à concentrer la fortune de la famille dans

une seule branche, plus solide, plus durable, qui sert à relever celles qui fléchissent, à donner asile et secours aux autres enfants quand les vicissitudes de la vie viennent à les réduire à la misère et à la honte. On a beau faire, la famille est aristocratique parce qu'elle aspire, par sa nature, à durer, et que rien ne dure que ce qui est héréditaire. Cet instinct du père de famille, dans la démocratie même, prévaut sur les abstractions philosophiques qui ne voient que l'individu. L'abstraction dit à l'individu : L'égalité du partage est ton droit; la nature dit au père de famille : La conservation de la famille est ton devoir; efforce-toi de la perpétuer et de la fortifier, en constituant frauduleusement, s'il le faut, une part d'hérédité conservatrice dans l'aîné de tes fils.

XXIII

Mais à considérer la chose, même philosophi-
quement, cette égalité des partages change
d'aspect, selon qu'on se place à l'un de ces trois
points de vue très-différents :

L'individu,

La famille,

L'État.

La révolution française, trop irritée contre les
excès de la loi d'aînesse, ne s'est placée qu'au
premier point de vue : l'individu.

De ce point de vue de l'individu abstrait et
isolé que l'on a appelé les droits de l'homme,

elle a dit, et elle a dû dire : Les partages seront
égaux, car l'homme est égal à l'homme, tous les
enfants ont le même droit à l'héritage du père.
Vérité ou sophisme, il n'y avait rien à répondre
au premier aperçu à cet axiome, du moment
qu'on admettait pour convenu cet autre axiome
très-contestable : L'homme est égal à l'homme
devant le champ; l'enfant plus avancé en âge
et en force est égal à l'enfant nouveau venu, dé-
nué d'années, de force, d'éducation, d'expérience
de la vie; l'enfant du sexe faible et subordonné
par son sexe même est égal à l'enfant du sexe
fort, viril et capable de défendre l'héritage de
tous dans le sien; l'enfant inintelligent est égal
à l'enfant doué des facultés de l'esprit et du
cœur, privilégié par ces dons de la nature;
l'enfant vicieux, ingrat, rebelle, oisif, déréglé,
est égal au fils tendre, respectueux, obéissant,
actif, premier sujet du père, premier serviteur
de la maison, etc., etc. Or autant d'axiomes
pareils, autant de mensonges.

La révolution française, dans sa législation abstraite, a donc professé en fait autant de mensonges que de principes, en supposant l'égalité des titres de capacité, d'intelligence, de vertu filiale, c'est-à-dire de droits égaux entre les enfants. L'égalité de parts dans l'héritage des biens du père est donc un sophisme devant la nature; aussi l'instinct de toutes les nations a-t-il protesté contre l'utopie de J.-J. Rousseau et de ses disciples. La Révolution française, elle-même, n'a pas tardé à revenir sur ses pas dans la voie de la nature et de la vérité; elle a modifié sa loi d'hérédité en concédant aux pères, dans leur testament, le droit de privilégier dans une certaine proportion les premiers nés ou les privilégiés de leur cœur parmi leurs enfants.

XXIV

Si l'on considère au contraire les lois relati-
ves au partage de l'héritage du point de vue
de la famille, au lieu de le considérer du point
de l'individu, la question change de face, et
la concentration de la plus grande partie des
biens dans la main des premiers nés, ainsi que
la permanence d'une partie des biens dans la
même famille sous le nom de *majorat*, qui n'est
qu'un second droit d'aînesse, deviennent le
droit commun dans tous les pays où la monarchie se perpétue et s'affermit elle-même par des
institutions plus ou moins aristocratiques. Les

familles deviennent de petites dynasties qu'on
ne peut déposséder du domaine patrimonial; le
désordre même du fils aîné ne peut ruiner la
génération qui est après lui, puisque la terre
principale, l'*État*, comme dit l'Angleterre ou
l'Allemagne, n'est jamais saisissable; le possesseur viager est dépossédé du revenu, le possesseur perpétuel (la famille) reste investi à jamais
du capital; une génération recouvre ce qu'une
génération a momentanément perdu. La famille
est éternelle comme l'État.

Sans doute ce règlement de l'héritage, inalié-
nable dans quelques-uns de ses domaines, a de
graves inconvénients, tant pour les enfants puînés, qui n'héritent que d'une faible légitime,
que pour les créanciers de l'aîné, qui ne peuvent
forcer le possesseur viager à aliéner son inalié-
nable domaine dynastique; mais que d'avanta-
ges pour l'État, pour la famille, pour l'agricul-
ture, pour les mœurs, pour la politique, dans
cette inaliénabilité d'une partie du patrimoine

de la famille! Une famille ruinée par les fautes
ou par les malheurs d'une seule génération est
une famille perdue pour l'État; en perdant sa
fortune stable dans une contrée, elle perd ses
influences, ses patronages, ses clientèles, ses
exemples, son autorité morale et politique dans
le pays. Ces liens de respect, de traditions, de
déférence, établis entre les riches et les pauvres
d'une contrée rurale, se brisent; la reconnaissance, la considération, l'affection séculaire,
qui forment le ciment moral de la société, se
pulvérisent et s'évanouissent sans cesse; tout
devient en peu d'années poussière, dans une
contrée aussi dénuée d'antiquité, de fixité. Les
opinions flottent comme les mœurs; la rota-
tion sans limite de la fortune et des familles
empêche toute autorité morale de s'établir; la
roue de la fortune, en tournant si vite, préci-
pite tout dans un égoïsme funeste à l'ensemble;
le peuple même n'a plus ni protection, ni centre, ni représentants puissants dans le pays,

pour défendre ses droits, ses instincts, ses libertés. En démocratisant trop la terre, elle ruine
les mœurs; en nivelant sans cesse les biens,
elle abaisse les âmes.

Toutes les tyrannies aiment à diminuer les
éminences locales, parce que rien ne résiste là
où rien n'a de prestige local ou d'autorité tra-
ditionnelle sur les populations. La liberté baisse
à mesure que l'égalité des héritages s'élève
dans la législation des familles. La famille, en
effet, est une puissance, l'individu n'est qu'un
néant, l'État le foule aux pieds sans l'apercevoir;
la dynastie de la famille détruite par l'égalité et
par la mobilité des héritages, la dynastie royale
devient facilement tyrannique; la conquête
même devient plus facile dans un pays où l'esprit de la famille a été anéanti par la dissémi-
nation sans bornes de l'égalité des biens. Voyez
la Chine, le plus admirable chef-d'œuvre de démocratie qui soit sur la terre; le partage égal
des biens entre les enfants y a multiplié déme-

surément l'espèce et affaibli démesurément
l'État; des poignées de Tartares, où la famille
est organisée en clans, en hordes, en tribus, en
féodalités dynastiques, y renversent et y possèdent des empires de trois cents millions d'hommes isolés. La démocratie chinoise a pulvérisé
l'esprit de nationalité; en tuant la famille, elle a
tué l'énergie morale de la défense. Les Tartares
vivent du droit d'aristocratie, les Chinois meurent d'égalité.

XXV

Quant à l'égalité civile en elle-même, il y a deux choses qu'on appelle de ce nom et qu'il faut bien distinguer, si l'on veut distinguer en même temps ce qu'il y a de vrai, de sacré, de divin dans l'instinct de l'homme sociable, de ce qu'il y a de paradoxal, de faux, d'injuste dans les utopies philosophiques de Platon, de Fénelon, de J.-J. Rousseau et des législateurs prolétaires de ce temps-ci, qui prennent le niveau de leur salaire pour la justice de Dieu dans la constitution de leurs chimères.

La justice est une révélation divine qui n'a été inventée par aucun sage, par aucun philoso-

phe, aucun législateur, mais que tout homme,
sauvage ou civilisé, a apportée dans sa conscience humaine ou dans son instinct organique
et naturel en venant au monde, comme il y
a apporté un sens invincible, le sens de la société. Le sens de la sociabilité, c'est le vrai
nom de la justice. Sans ce sens divin de la justice, aucune société n'aurait pu exister une
heure.

L'équité est un sens composé de deux poids
égaux que Dieu a mis, pour ainsi dire, dans
chaque main de l'homme; poids au moyen des-
quels l'homme pèse forcément en lui-même si
tel de ces poids est égal à l'autre, et si l'équilibre moral est établi ou rompu entre les choses.
En d'autres termes, toute justice est pondération;
si la pondération n'est pas exacte, la concience
souffre, bon gré, mal gré, dans l'homme, l'arithmétique divine est violée, le résultat est faux;
l'homme le sent, Dieu le venge, le coupable lui-
même le reconnaît : voilà la justice.

12

XXVI

La justice produit naturellement l'instinct de l'égalité entre les hommes devant Dieu et devant la société morale; c'est-à-dire que la conscience dit à l'homme : l'homme, ton semblable, a les mêmes droits moraux que toi devant le père, qui est Dieu, et devant la même mère, qui est la société génératrice et conservatrice de l'humanité tout entière. Dieu lui doit la même part de sa providence, puisqu'il l'a créé avec la même part de son amour; la société lui doit la même part de sa justice, puisqu'elle lui impose, proportionnellement à son intelligence et à ses for-

ces, la même part de ses charges, de ses sacrifi-
ces, de ses lois dans l'ordre moral.

De là l'égalité de protection des lois humaines
comme des lois divines entre tous les hommes
qui ont invocation à faire à la providence par
l'appel à Dieu, ou à la société sociale par l'appel
à la force de la légalité de l'État.

C'est ce qu'on a appelé avec parfaite raison
l'égalité devant Dieu et devant la loi. Point de
privilége contre la révélation divine manifestée
par l'instinct universel : la conscience. Quand
bien même l'homme voudrait en créer, de ces
priviléges contre Dieu, il ne le pourrait pas :
c'est plus fort que lui, ce serait vengé par lui,
il trouverait l'insurrection en lui, sa conscience,
à *lui*, se révolterait contre *lui* : c'est fatal.
Qu'est-ce donc que le remords ?

La législation, en cela, est conforme à l'instinct. La Révolution française a proclamé cette
justice dans la proclamation de cette égalité
abstraite et divine *devant la loi ;* ce qui veut

dire et ce qui dit : « Il n'y a pas deux Dieux, il
» n'y a pas deux instincts, il n'y a pas deux
» consciences, il n'y a pas deux humanités;
» Dieu, l'instinct, l'équité, la loi morale, l'hu-
» manité, voient des égaux dans tous les hommes
» venant en ce monde! »

XXVII

Ainsi, dans le domaine spiritualiste, l'égalité est la justice; donc l'homme et l'homme sont égaux en droit spirituel et moral, et la société doit leur conférer cette égalité, ce droit à l'é- quité appartenant par égale divinité de titre à la nature, que dis-je? à l'humanité tout en- tière.

Voilà la Révolution française, voilà la su- blime démocratie divine entendue comme elle peut être seulement entendue par les esprits politiques à qui la démagogie, l'esprit de radi- calisme, la manie des sophismes ou la rage sui-

cide du nivellement impossible, qui ne serait que
l'extrême injustice, n'ont pas faussé le bon sens.

Mais la société politique doit-elle l'égalité
des conditions et des biens à tous les hommes
venant dans ce monde, rois ou sujets, nobles
ou peuple, riches ou pauvres, avec l'avantage
ou le désavantage de ce que l'on appelle le *fait
accompli?* Doit-elle planer comme une Némésis
de l'égalité, la faux de Tarquin à la main, pour
faucher sans cesse ce qui dépasse le niveau
uniforme du champ social? Doit-elle à chaque
individu qui naît à chaque seconde du temps,
sur la terre, pour y demander de droit divin
une place égale à celle de tout autre homme,
lui doit-elle, à ce nouveau venu, de lui faire
violemment cette place en déplaçant ceux qui
s'en sont fait une avant lui et supérieure à la
sienne? Serait-ce une justice? Serait-ce une
société que cette répartition incessante et vio-
lente des rangs, des biens, des fortunes, enle-
vant toute sécurité au présent, tout avenir à la

possession, tout mobile au travail, toute soli-
dité à l'établissement des familles, des nations,
même des individus? Ne serait-ce pas plutôt la
souveraine injustice constituée, que cette égalité forcée qui récompenserait le travail acquis
par l'éternelle spoliation de l'égalité des biens?

Et, de plus, les partisans irréfléchis de cette
utopie de l'égalité des biens n'ont-ils pas assez
d'intelligence pour comprendre que leur égalité
serait la destruction du plan divin sur la terre;
que Dieu a voulu l'activité humaine de son
plan; que le désir d'acquérir est le seul moteur
moral de cette activité; que l'inégalité des
biens est le but, le prix, le salaire de cette
activité, et que la suppression de cette inégalité supprimant en même temps tout travail,
l'égalité des socialistes produirait immédiate-
ment la cessation de tout mouvement dans les
hommes et dans les choses?

Où serait le mobile de l'activité, si la loi sociale était assez insensée pour dire à l'homme

laborieux et économe, et à l'homme oisif et parasite de la terre : Travaillez ou reposez-vous,
produisez ou consommez, votre sort sera le
même, et vous serez égaux devant la misère,
et je vous condamne à être également misé-
rables pour vous empêcher d'être réciproque-
ment envieux !

Le monde s'arrêterait le jour où une loi si
immobile serait proclamée par les utopistes de
J.-J. Rousseau. Cette politique ne pouvait
naître que sous la plume d'un prolétaire affamé, trouvant plus commode de blasphémer
le travail, la propriété, l'inégalité des biens,
que de se fatiguer pour arriver à son tour à la
propriété, à l'aisance, à la fondation d'une famille.

De tels hommes sont les Attilas de la Providence, car la propriété et l'inégalité des biens
sont les deux providences de la société : l'une
procréant la famille, source de l'humanité ;
l'autre produisant le travail, récompense de

l'activité humaine ! — Il n'y aurait plus d'injustice sans doute dans ces systèmes; oui, parce qu'il n'y aurait plus de justice. Il n'y aurait plus de misère; oui, parce qu'il n'y aurait plus de pain; la famine serait la loi commune.

Voilà la législation de ces philosophes de la faim : l'univers pétrifié, l'homme affamé, le principe de tout mouvement arrêté, le grand ressort de la machine humaine brisé. L'homme content de mourir de faim, pourvu qu'aucun de ses semblables n'ait de superflu; constitution de la jalousie, vice détestable, au lieu de la constitution de la fraternité, heureuse de la félicité d'autrui, vertu des vertus !...

Je m'arrête ; nous reprendrons l'Entretien sur la législation de J.-J. Rousseau dans quelques jours. La métaphysique amaigrit l'esprit et lasse le lecteur ; il faut se reposer souvent dans cette route.

TROISIÈME PARTIE

———

I

Finissons-en avec les théories imaginaires de ces législateurs des rêves, qui, en plaçant le but hors de portée parce qu'il est hors de la vérité, consument le peuple en vains efforts pour l'atteindre, font perdre le temps à l'humanité, finissent par l'irriter de son impuissance et par la jeter dans des fureurs suicides, au lieu de la guider sous le doigt de Dieu vers des améliorations salutaires à l'avenir des sociétés.

Rousseau et ses disciples en politique n'ont pas jeté au peuple moins de fausses définitions de la liberté politique que de l'égalité sociale.

Qu'est-ce que la liberté, selon ces hommes qui ne définissent jamais, afin de pouvoir tromper toujours l'esprit des peuples?

La liberté de J.-J. Rousseau, c'est le droit de se gouverner soi-même, sans considération de la liberté d'autrui, dans une association dont on revendique pour soi tous les bénéfices sans en accepter les charges.

C'est-à-dire que cette liberté est la souveraine injustice; c'est la liberté abusive des *quakers*, qui veulent que la société armée les défende, mais qui refusent de s'armer eux-mêmes pour défendre leur sol et leurs frères. En un mot, c'est l'anarchie dans l'individu réclamant l'ordre dans la nation. Voilà la liberté sans limites et sans réciprocité des sectaires de Rousseau.

Qu'est-ce au contraire que la liberté? Selon nous, métaphysiquement parlant, cette liberté bien définie, c'est la révolte naturelle de l'égoïsme individuel contre la volonté générale de la société ou de la nation. Or, si cette révolte de la nature irréfléchie, de l'égoïsme individuel dont ces philosophes font un prétendu droit dans ce qu'ils appellent *les droits de l'homme*, existait, la société cesserait à l'instant d'exister, car la société ne se maintient que par la toute-puissance et la toute légitimité de la volonté générale sur la volonté égoïste de l'individu. Cette révolte instinctive de l'égoïsme individuel qu'on appelle la liberté sans limites est donc un crime et une anarchie. Ce droit est le droit de périr soi-même en faisant périr l'État.

Cette liberté au fond n'est donc qu'un vain mot; le sauvage seul peut dire : « Je suis libre, » mais à condition d'être sauvage et d'être seul, c'est-à-dire esclave de sa misère et des éléments.

Non, la liberté de J.-J. Rousseau et de ses
émules n'existe pas; c'est le nom d'une chose
qui ne peut pas être, une fiction à l'aide de laquelle on trompe l'ignorance des peuples et on
justifie la révolte de l'individu contre l'ensemble social.

Le vrai nom de la société, c'est commandement et obéissance.

Commandement dans l'État, qu'il soit monarchie ou république.

Obéissance dans l'individu, qu'il soit sujet ou
citoyen.

Or, entre ces deux noms sacramentels de
toute société politique, *commandement* et *obéis-*
sance, trouvez-moi place pour le nom de *li-*
berté. Il n'y en a pas, ou bien il n'y en a pas
d'autre que le mot par lequel je vous l'ai définie tout à l'heure : révolte de l'égoïsme individuel contre la volonté de l'ensemble.

Ne parlons donc plus de liberté dans le sens
que Rousseau et sa secte de 1791, et même là

secte de Lafayette en 1792, et la secte parle-
mentaire de 1830, et la secte radicale des po-
lémistes de 1848, l'ont entendue. Ce sens
s'est évanoui dès qu'on a voulu le toucher du
doigt.

II

La seule chose que l'on puisse appeler, encore improprement, de ce nom, par habitude
plus que par logique, c'est la petite part d'é-
goïsme individuel que le commandement social
de l'État (monarchie ou république) puisse né-
gliger sans inconvénient dans l'obéissance obligatoire de chacun à la volonté de tous. Cette
petite part n'est pas même un droit, selon
l'expression de Lafayette, le philosophe de
l'émeute : *L'insurrection est le plus saint des
devoirs.*

Cette part de liberté n'est pas possédée, elle
est concédée et révocable par la société, républicaine ou monarchique, qui la laisse à l'individu politique.

C'est une frontière indécise entre l'ordre social et l'anarchie individuelle que le commandement laisse à l'obéissance; terrain vague,
où le commandement n'a pas besoin de s'exercer, et où l'obéissance peut désobéir sans porter atteinte à l'État, c'est-à-dire à l'intérêt de
tous.

Mais encore ce qu'on appelle liberté n'est
que tolérance de la société générale, et le commandement social peut l'enchaîner ou la restreindre selon les nécessités, les lieux, les
temps, les circonstances, si les nécessités, les
lieux, les temps, les circonstances exigent que
tout soit commandement et obéissance, et obéissance partout et en tout dans la société absolue. Je vous défie de nier ces faits et ces prin-

cipes, si vous réfléchissez à la nature de la société politique.

Où donc est ce qu'on appelle liberté? Et pourquoi tant parler d'une chose qui n'existe que dans les mots?

III

Mais comme il faut cependant se servir de la langue reçue, il y a une autre chose qu'on nomme très-mal à propos liberté.

Cette chose, qui n'est nullement la liberté, mais qui est dignité morale dans le jeu du commandement et de l'obéissance dont se compose tout gouvernement, c'est la participation plus ou moins grande que chaque individu, esclave, sujet ou citoyen, apporte à la formation du gouvernement et des lois; c'est le concours plus ou moins complet, plus ou moins direct, de beaucoup ou de toutes les volontés individuelles dans la volonté générale, à laquelle on donne le droit du commandement et le devoir d'obéissance.

Le plus ou le moins de cette participation formelle du peuple à son gouvernement est ce qu'on nomme très-improprement liberté. C'est bien plus que liberté, c'est commandement, commandement sur soi-même et sur les autres.

Ce commandement, sous le despotisme, est attribué à un seul, sous les autocraties à une caste, sous les théocraties à un sacerdoce souverain, sous les républiques à une élite élective de citoyens et de magistrats, sous les démocraties absolues à la multitude, sous les démagogies, comme à Athènes, à des tribuns privilégiés et renversés par les faveurs mobiles de la plèbe sur la place publique. Les plus populaires de ces gouvernements ne réalisent pas plus de liberté que les autres; ils commandent et ils obéissent à des titres différents, mais ils commandent l'obéissance avec la même obligation d'obéir; dans aucun il n'y a place pour ce qu'on appelle liberté dans la langue de J.-J. Rousseau et des publicistes modernes, c'est-à-dire pour l'égoïsme individuel contre le dévouement et contre l'intérêt général. S'il y avait liberté dans cette acception du mot, il n'y aurait plus gouvernement ni société; il y aurait anarchie, révolte de chacun et de tous contre tous. Ce mot de liberté ainsi compris est donc un sophisme : la liberté de chacun serait l'esclavage de tous.

IV

Mais si on entend par ce mot de liberté la participation d'un plus grand nombre de sujets ou de citoyens au gouvernement, soit par la pensée exprimée au moyen de la presse ou dans les conseils, soit dans les élections, soit dans les délibérations, soit dans les magistrats, aucun doute alors que cet exercice du commandement social attribué par les constitutions au peuple, ne soit, quand le peuple en est capable par ses vertus et par ses lumières, une excellente condition de progrès moral, de dignité et de grandeur humaine.

Obéir à soi-même, c'est la vertu ; obéir aux autres, c'est la servitude. Qui peut douter que le commandement, quand il est moral, ne soit supérieur à l'obéissance, quand elle est servile? Et qui peut nier ainsi que, plus il y a de force raisonnée dans le commandement et d'assentiment dévoué dans l'obéissance, plus il y a perfection dans le gouvernement? Faisons donc peu de cas de ce qu'on appelle liberté égoïste dans le sens que J.-J. Rousseau attribue à ce mot, faisons-en beaucoup de ce qu'il y a de participation volontaire du peuple au commandement social ; moins il y a de cette révolte individuelle dans l'individu soi-disant libre, plus il est libre en effet, car il ne veut alors que ce qu'il doit vouloir, et il n'obéit qu'à ce qu'il veut dans l'intérêt de tous, qui est en réalité son premier intérêt.

Mais est-ce donc en vertu d'un misérable
contrat impossible même à concevoir (car pour
contracter il faut être, et avant d'être la prétendue association locale n'*était* pas, ou elle
n'*était* qu'en penchant et en germe dans les
instincts naturels de l'homme), est-ce donc en
vertu d'une misérable convention que la société s'est constituée en gouvernement? Est-ce
en vertu d'un vil intérêt purement matériel et
dans le but seulement d'un plus grand bien
physique, que ce contrat purement brutal a
été rêvé, délibéré, signé, et qu'il a pu se main-

tenir en se perfectionnant d'âge en âge? Est-ce
ainsi qu'il est devenu droit, qu'il est devenu
devoir, et qu'il a pu appeler Dieu et les hommes
à le protéger, à le défendre, à le venger contre
les atteintes que l'égoïsme individuel, la révolte
des intérêts particuliers, l'injustice personnelle,
l'ambition, l'usurpation, la ruse, la violence,
l'impiété des conquérants, la spoliation du
plus fort, la tyrannie du plus scélérat peuvent
lui porter tous les jours? Évidemment non.

La faim et la soif, la satisfaction charnelle
des besoins physiques, la part plus ou moins
grosse de grain ou de chair dans cette crèche
humaine où ce bétail humain broute sa gerbe
ou dévore sa ration de sang des animaux, la
lutte incessante de force brutale contre force
brutale, force mesurée, non à la justice divine,
mais à l'équilibre arithmétique entre les con-
voitises et les résistances de l'individu à l'individu, de nation à nation, toutes ces clauses no-
tariées par de prétendus législateurs consti-

tuants, toutes ces garanties nominales des
hommes contractants contre des hommes sans
cesse intéressés à violer ou à déchirer le contrat social, tout cela n'a ni sacrement, ni sanction, ni raison d'être, ni raison de durer, ni
raison d'autorité, ni raison d'obéissance, ni
raison de respect, ni raison de commandement; tout le monde peut dire tous les jours :
Je n'accepte pas ce contrat chimérique imposé
au faible par le fort, ou je ne l'accepte que de
force, c'est-à-dire par la plus vile des sujétions.
Dans ce système, la société n'est qu'un vice,
le plus lâche des vices, la peur!

Mais où est le devoir? Mais où est la vertu?
Mais où est la divinité de l'ordre social? Mais
où est la dignité de l'espèce humaine dans ce
troupeau d'esclaves involontaires qui n'obéissent que sous la verge de fer de la nécessité, ou
ne se révoltent pas que parce qu'ils ont peur de
se révolter?

C'est là cependant exactement la conclusion

formelle de J.-J. Rousseau que nous vous avons
citée tout à l'heure : « Tout homme qui peut
» secouer le joug sans danger a le droit de le
» faire. » C'est aussi la conclusion de Lafayette
copiée de Rousseau : « L'insurrection est le
» plus saint des devoirs. »

Est-ce une société qu'une réunion d'hommes
fondée sur ces deux axiomes parfaitement logi-
ques dans le système de ce contrat, axiomes
dont le premier avilit toute nation qui ne secoue pas tous les jours le joug social, et dont le
second ensanglante tous les jours la société?
Société de boue ou société de sang, voilà le contrat de J.-J. Rousseau; les théories matérialistes
de la philosophie de l'intérêt ne peuvent aboutir qu'à la proclamation de droits aussi an-
ti-sociaux, le droit de tuer ou le droit de
mourir.

Les théories spiritualistes de la société, qui
sont les nôtres, aboutissent au commandement
et à l'obéissance, qui sont, dans ceux qui com-

mandent comme dans ceux qui obéissent, des
devoirs, c'est-à-dire des libertés individuelles
volontairement sacrifiées à la souveraineté générale dans ceux qui obéissent, et des autori-
tés morales légitimement exercées dans ceux
qui commandent.

Vos théories de société répondent aux corps,
les nôtres répondent à l'âme de la société. Vous
supposez un contrat révocable à chaque respiration de l'individu; nous voyons, nous, dans
la société, une religion politique qui ennoblit à
la fois le commandement et l'obéissance. Cette
religion politique sanctifie la société politique
en lui donnant pour autorité suprême la souveraineté de la nature, c'est-à-dire la souveraineté de Dieu, auteur et législateur des instincts
qui forcent l'homme à être sociable.

Cette souveraineté de Dieu ou de la nature a
promulgué ses lois sociales par les instincts de
tout homme venant à la vie.

Le premier de ces instincts, d'abord physique, lui commande de se rapprocher de sa mère sous peine de mort; il crée la famille, cette sainte unité de l'ordre social.

L'instinct de la mère et du père, celui-là tout moral, l'instinct de la compassion et de la bonté, leur commande de soigner, d'allaiter, d'élever l'enfant; il crée la continuité de l'espèce, il dépasse déjà la loi d'égoïsme de l'individu, il devient sans le savoir dévouement spiritualiste.

L'instinct de la justice apprend à l'enfant à chérir sa mère et son père, il devient devoir; c'est déjà l'âme qui se révèle, ce n'est plus de l'instinct seulement.

L'instinct de l'amour créateur emporte l'homme et la femme l'un vers l'autre; mais, une fois l'enfant conçu, ce même instinct, devenu paternité, porte les deux êtres générateurs à perpétuer leur union dans l'intérêt de l'enfant, ce troisième être qui les confond et les réunit par une union permanente et sainte,

sanctionnée par les autres hommes et par Dieu.
Le mariage, sous une forme ou sous une autre,
selon les lieux ou les temps, ce n'est plus l'instinct de l'amour seulement, c'est le devoir réci-
proque, spiritualisme qui d'un attrait fait un
lien. De là les lois sur la génération pure de l'espèce, sur l'autorité paternelle, sur la piété filiale; instincts changés en devoirs de tous les
côtés; spiritualisme de cette trinité plus morale
que charnelle; sollicitude pour l'enfant, assistance dans l'âge mûr, tendresse et culte pour la
vieillesse, le plus doux des devoirs, la justice en
action, la reconnaissance, mille vertus en un
seul devoir!

L'instinct dit à ce groupe humain à peine
formé : « Réunis-toi à d'autres groupes pareils
pour te protéger contre les éléments comme
corps, contre les agressions et les injustices
des hommes iniques et forts, comme être moral
et libre. » De là l'association fondée alors sur la
réciprocité des services : tu me sers, je te sers;

tu me défends, je te défends ; tes ennemis sont mes ennemis ; tes amis sont mes amis. Voilà la société élémentaire, elle n'est plus vil intérêt seulement, elle est déjà réciprocité, c'est-à-dire mutualité, réciprocité qui n'est que la justice des actes, moralité, devoir, vertu

Un autre instinct porte d'autres groupes à s'unir, pour être plus solides, aux premiers groupes.

Ma nation se fonde ; elle féconde une terre, elle sème, elle moisonne, elle bâtit, elle multiplie ; elle se choisit une place permanente au soleil, elle se dit : « Il fait bon là, nous avons besoin que cette place féconde et fécondée soit à nous, et non à d'autres, pour y nourrir ceux qui descendront de nous ; nos sueurs ont animalisé de nous cette terre, il y a parenté désormais entre elle et nous ; marquons-la de notre nom, de notre droit de priorité. »

A l'instant voilà la possession accidentelle et passagère qui se transforme en fait, en droit, en permanence, en patriotisme moral enfin.

Spiritualisme, moralité, vertu. Le devoir de défendre la patrie, de vivre et de mourir au besoin pour elle, pour ceux même qui ne sont pas encore nés, dignifie, sanctifie en passion désintéressée, en dévouement sublime, en sacrifice méritoire, en vertu glorieuse sur la terre, en mérite immortel dans la patrie future ce devoir patriotique.

VI

La nation fondée et défendue, un instinct qui s'élargit la pousse à se civiliser chaque jour davantage. Elle sent la nécessité de l'autorité politique qui donne à tous ces instincts épars l'unité de volonté par laquelle chacun a la force de tous et tous ont le droit de chacun. C'est ce qu'on appelle gouvernement. Les formes de ce gouvernement sont aussi diverses que les âges des peuples, les lieux, les temps, les caractères de ces groupes humains formés en nations.

L'autorité dérivée de la nature y repose d'abord dans le père, ou patriarche, par droit d'antiquité ; l'hérédité la consacre dans le fils après le père.

Elle s'étend de là aux vieillards de la tribu, supposés les plus sages par droit d'expérience : c'est l'origine des sénats, *seniores*, qui assistent, éclairent, limitent le pouvoir patriarcal et souverain.

Le pouvoir aristocratique s'y constitue : gouvernement de castes.

L'autorité concentrée y devient facilement injuste et oppressive ; le peuple y demande sa place et l'obtient : gouvernement pondéré, monarchie, aristocratie, démocratie, trinité d'Aristote, gouvernements modernes des trois pouvoirs diversement représentés.

L'autorité conquise sur la monarchie et sur l'aristocratie par le nombre seul, par la démocratie absolue, c'est la souveraineté de la multitude, sans pondération, sans fixité, sans corps modérateur ; elle dégénère bientôt en oppression

mutuelle et en anarchie : gouvernement condamné par l'instinct de la hiérarchie légale,
qui est la loi de tout ce qui dure, la loi de tout
ce qui commande et de tout ce qui obéit sur la
terre.

VII

L'instinct de justice absolue et celui de hiérarchie nécessaire, combinés légalement ensemble, fondent et maintiennent les républiques
à plusieurs pouvoirs; elles sont agitées, mais le
mouvement même y prévient longtemps la corruption, la tyrannie, la décadence.

Elles supposent plus de spiritualisme, plus
de devoir, plus de vertu dans le peuple que les
autres gouvernements; c'est ce qui fait qu'elles
sont l'idéal des peuples et des sages.

Elles ont l'unique et immense mérite d'élever l'âme, les lumières et le sentiment de justice du peuple, à la hauteur de sa souveraineté.

Mais si le peuple ne possède ni assez de lumières ni assez de vertus, il n'y faut pas penser encore, ou bien il n'y faut plus penser du tout : un brillant esclavage militaire, de la gloire, et point de liberté, suffit à ce peuple ; on peut l'éblouir, on ne peut l'éclairer. Ses vertus sont toutes soldatesques : des dictatures et des victoires, voilà tout ce qu'il lui faut. Le spiritualisme, c'est-à-dire le sentiment moral de ce qu'il doit à Dieu, aux autres peuples et à lui-même, y baisse à mesure que la fausse gloire y resplendit davantage. Il marche à la tyrannie dans le monde : bientôt il ne saura plus où retrouver le principe de l'autorité des gouvernements légitimes, c'est-à-dire naturels, de la société politique, trop vieux et trop irrespectueux pour le gouvernement patriarcal, trop égalitaire pour le gouvernement des castes,

14

trop sceptique pour le gouvernement théocratique, trop ardent en nouveautés pour le gouvernement des coutumes et des dynasties, trop agité pour le gouvernement constitutionnel et l'équilibre des pouvoirs, trop turbulent pour le gouvernement des républiques, et trop impie envers ses propres droits pour les défendre soit contre l'oppression d'en haut, soit contre l'oppression d'en bas. Peuple du vent et du mouvement perpétuel, emporté à tous les abîmes par le tourbillon même qu'il crée et accélère sans cesse en lui et autour de lui !

Peuple de beaux instincts, mais de peu de moralité politique, toujours ivre de lui-même, enivrant les autres peuples de son génie et de son exemple ; mais ne tenant pas plus à ses vérités qu'à ses rêves, et créé pour lancer le monde, plutôt que pour le diriger vers le bien.

A de tels peuples le gouvernement du hasard! Ils ne savent ni fonder ni conserver, ils ne savent que détruire et changer sur la terre ; ils sont le vent qui balaye le passé. Qu'ils balayent donc le monde politique : ils sont le balai de la Providence, comme Attila fut le fléau de Dieu.

VIII

De toutes ces natures de gouvernement ins-
pirées à l'humanité par cette souveraineté de la
nature qui parle dans nos instincts, aucun ne
nous semble plus voisin de la perfection que le
gouvernemént créé ou réformé par le législateur rationnel de l'extrême Orient, le divin philosophe politique Confutzée, dans cet empire
de la Chine, plus vaste que l'Europe, plus antique que notre antiquité, plus peuplé que deux
de nos continents, plus sage que nos jeunes sa-
gesses.

Confucius résume en lui toutes les lumiéres,

toutes les vertus et toutes les expériences du
vieux monde indien ; il résume, de plus, selon
toute apparence, le vieux univers antédiluvien,
si les révélations, les monuments et les traditions antédiluviennes vivent encore dans la mémoire des hommes. Confucius semble avoir été
illuminé divinement par un reflet, par un crépuscule de cette divine révélation sociale qui
précéda le siècle des grandes eaux. Ministre de
cette souveraineté de la nature dont on retrouve
le texte syllabe par syllabe dans nos instincts
nátifs, Confucius institue dans sa législation, et
ensuite dans le gouvernement, toutes les lois et
toutes les formes politiques qui dérivent de notre nature physique et de notre nature morale ;
spiritualisme et loi civile, politique et vertu,
temps et éternité, religion et civisme, ne sont
pour lui qu'un même mot. Aussi voyez comme
cela civilise, comme cela dure, comme cela
multiplie la vie et l'ordre dans l'espèce humaine! A l'exception des arts barbares de la

14.

guerre qu'un excès de philosophie fait tomber
en mépris et en désuétude chez ses disciples,
voyez la population, cette contre-épreuve de
la bonne administration : quatre cents millions
d'hommes traversant en ordre et en unité vingt-
cinq siècles ! jamais l'esprit législatif a-t-il créé
et régi une telle masse humaine en une seule
nation? C'est une impiété à l'Europe d'aller
briser à coups de canon anglais cette merveil-
leuse Babel d'une seule langue en Orient. Étu-
diez ce gouvernement et rougissez de ces
assauts que vous donnez à ces palais et à ces
temples de la civilisation primitive, toute spiritualiste, au nom d'une civilisation de trafic,
d'or et de plomb. Analysez le gouvernement
de Confucius : vous y retrouvez tout l'homme
moral et toute la politique de la nature dans le
mécanisme accompli du gouvernement.

IX

Le gouvernement paternel demeure dans le monarque une hérédité inviolable, personnifiant l'autorité divine, invisible dans l'abstraction visible de la nation souveraine et immortelle, spiritualisme monarchique qui consacre le commandement et qui moralise l'obéissance. Point de force sans droit, voilà la monarchie de Confucius.

L'aristocratie intellectuelle et morale dans le conseil de l'empire, spiritualisme raisonné qui signifie : point de souveraineté sans lumière.

La démocratie complète dans les mandarins de tout ordre choisis dans toutes les classes par l'élection dans les examens publics, ce qui veut dire égalité de tous, mais à condition de capacité constatée par tous, et de vertu reconnue par tous.

Gradation ascendante et descendante dans les rangs et les fonctions des magistrats chargés de l'administration de la justice ou de l'administration des intérêts populaires de l'empire; spiritualisme qui personnifie la conscience et la providence dans une hiérarchie sans laquelle il n'y a ni autorité distributive, ni ordre, ni stabilité dans les institutions.

L'ubiquité de l'autorité monarchique, partout présente et partout active, dans le dernier hameau comme dans la première capitale de province : spiritualisme de la présence et de l'intervention souveraine dans tous les rapports de l'homme avec l'homme pour légitimer tous les actes de la vie civile.

Autorité paternelle absolue, mais surveillée dans la famille pour que le commandement y soit respecté et que l'obéissance y soit religieuse : spiritualisme légal qui fait du père un magistrat de la nature, et qui fait du fils un sujet du sentiment !

Culte des ancêtres perpétuant la mémoire et sanctifiant la filiation humaine en reportant sans cesse l'humanité à sa source par la reconnaissance : spiritualisme filial, qui va rechercher la vie pour la bénir et la tradition pour la vénérer.

Anoblissement des pères par les actes héroïques ou vertueux des enfants, dans les générations les plus reculées : spiritualisme profond dans ce législateur qui personnifie la solidarité de race, la responsabilité paternelle, le rémunérateur filial dans l'unité morale de la famille, continuité de l'être moral descendant et remontant du père à Dieu, du père aux fils, des fils aux pères, et qui rend la vertu aussi

héréditaire de Bas en haut que de haut en bas!
Quel plus beau dogme! Quel plus fort lien
entre les générations, mortelles par les années,
immortelles par leurs vertus !

Et ainsi de suite. Pas un dogme législatif
qui ne soit un dogme spiritualiste; pas une
prescription sociale qui n'ait Dieu à sa base et
Dieu à son sommet; pas une institution civile qui ne soit calquée sur un devoir moral; la
chaîne des devoirs moraux relie partout l'individu à la société et la société à l'individu; la loi
n'est qu'un commentaire de la nature.

Concluons : je suis contre J.-J. Rousseau
pour Confucius, malgré la prétendue loi du
progrès indéfini, progrès dérisoire qui descend
souvent, au lieu de monter, du spiritualisme
social de Confucius au matérialisme égoïste du
Contrat social.

X

Le vrai *contrat social* n'a pas été délibéré
entre des hordes humaines faisant la métaphysique des prétendus droits de l'homme et la
théorie des sociétés avant l'existence de la société.

La société n'est pas d'invention humaine,
mais d'inspiration divine.

Dieu l'a déposée dans les instincts des pre-
miers-nés de la terre appelés hommes, et
même dans les instincts organiques des animaux. Elle est née toute faite, et chacun de nos
instincts contenait en germe une loi; une loi,

non pas seulement physique, donnant pour but
à la société politique la satisfaction brutale des
besoins du corps, mais une loi morale et religieuse, donnant à la société civile un but intellectuel, moral et divin de civilisation des âmes,
c'est-à-dire de vertu et de civilisation de notre être par des devoirs réciproques découverts
et accomplis.

Voilà la fin de la société politique, voilà le
plan de Dieu, voilà l'œuvre de la législation,
voilà la dignité de l'homme; voilà le spectacle
que la divinité créatrice se donne à elle-même,
depuis qu'elle a daigné créer l'homme jusqu'à
la consommation des temps.

Ce serait un pauvre spectacle, aux yeux de
cette adorable Divinité, de qui tout émane et
à qui tout aboutit, de cette âme universelle qui
n'est qu'âme, c'est-à-dire intelligence, volonté,
force et perfection, que le spectacle de populations plus ou moins nombreuses broutant la
terre dans un ordre plus ou moins régulier,

comme celui du troupeau devant le chien, sans autre fin que de se partager plus ou moins équitablement l'herbe qui nourrit leur race, jusqu'au jour où leurs cadavres iront engraisser à leur tour le fumier vivant tiré du fumier mort, et destiné à devenir à son tour un autre fumier !

Voilà cependant le *Contrat social* de J.-J. Rousseau; voilà les *droits de l'homme?* Ce sont aussi les droits du pourceau d'Épicure. Si l'égalité alimentaire de Platon, de J.-J. Rousseau, des économistes, des tribuns du peuple, des démagogues de 1793, des saint-simoniens de 1820, des fouriéristes de 1830, des socialistes de 1840, des communistes de 1848, n'a pas d'autres utopies à présenter aux sociétés modernes, en vérité, de si vils et de si grossiers intérêts valent-ils la stérile agitation des utopistes qui les inventent, des populations prolétaires qui les rêvent, des législateurs qui les pulvérisent? Des râteliers toujours pleins, dans

15

cette vaste étable de l'humanité, changent-ils
la nature de cette bête de somme plus ou moins
repue qu'ils appellent la société humaine?
Leurs droits de l'homme se pèsent-ils donc à la
livre, ou se mesurent-ils à la ration? Grasse ou
maigre, une telle société en serait-elle moins
une société de brutes? On a pitié de telles utopies, pitié de tels *contrat sociaux*, pitié de
telles dégradations de notre nature !

Le vrai *contrat social* ne s'appelle pas droit,
il s'appelle devoir; il n'a pas été scellé entre
l'homme et l'homme, il a été scellé entre
l'homme et Dieu.

Le véritable *contrat social* n'a pas pour but
seulement le corps de l'homme, il a pour but
aussi et surtout l'âme humaine, il est spiritualiste plus que matériel; car le corps ne vit
qu'un jour de pain, et l'esprit vit éternellement
de vérité, de devoir et de vertu. Voilà pourquoi
la doctrine qui ne fait que proclamer les droits
de l'homme est courte et fausse, et ne peut

aboutir qu'à la révolte perpétuelle, doctrine insensée, *Contrat social;* voilà pourquoi toute société qui se fonde sur le devoir est vraie, durable, toujours perfectible, et aboutit directement à Dieu, c'est-à-dire à la perfection et à l'éternité.

XI

Devoir d'adoration envers le Créateur, qui a daigné tirer l'être du néant pour sa gloire; devoir qui oblige l'homme à se conformer en tout aux volontés du souverain législateur, volontés manifestées à l'homme par ses instincts; organe de la véritable souveraineté de la nature; devoir facile, satisfait par son accomplissement, même quand il est douloureux aux sens; devoir qui donne à l'homme obéissant à son souverain Maître cette joie lyrique de la vie et de la conscience, joie de la vie et de la conscience qui éclate dans tout être vivant comme un cantique de la terre, et que tous les êtres vivants, depuis l'insecte, l'oiseau, jusqu'à l'homme, entonnent en chœur au soleil levant comme une respiration en Dieu !

Devoir de l'époux et de l'épouse, qui, au lieu de s'accoupler comme des brutes, se lient par un lien moral ensemble pour spiritualiser leur union, souvent pénible, au bénéfice de l'enfant, né d'un instinct, mais vivant d'un devoir.

Devoir du père et de la mère de protéger, d'élever, de moraliser l'enfant par un dévouement qui s'immole à sa postérité

Devoir du fils, qui, au lieu de se séparer selon J.-J. Rousseau, dès qu'il n'a plus besoin de tutelle physique, adhère par justice et reconnaissance au sein qui l'a nourri, à la main qui le protége dans sa faiblesse, et leur rend ce culte filial, image du culte que tout être émané doit à tout être dont il émane.

Devoir de cette trinité humaine : le père, la mère, les enfants, de se grouper dans une unité défensive de tendresse et de mutualité sainte qu'on appelle famille, première patrie des cœurs qui impose le premier patriotisme du sang, et qui sanctifie la source de l'âme comme la source de la population.

Devoir du commandement adouci par l'amour dans le père, pour que l'ordre, qui ne peut se fonder sans hiérarchie, du moment que les volontés peuvent se heurter entre des êtres nécessairement inégaux, pour que cet ordre, disons-nous, se fonde sur une autorité et sur une subordination incontestées; autorité et subordination qui sont un phénomène social, nullement physique, mais tout moral.

Devoir de l'obéissance dans les enfants, même quand ils sont devenus, par le nombre et par la force, plus forts que le père et la mère; devoir d'autant plus moral, d'autant plus spiritualiste, d'autant plus vertueux, qu'il est volontaire, et que la force matérielle dans les enfants se soumet plus saintement à la force spiritualiste dans le père.

Devoir de ce premier groupe de la famille de reconnaître et de respecter, dans les autres groupes semblables à elle, le même droit divin de vivre et de multiplier sur la terre, domaine commun de la race humaine; de ne point la tuer; de ne point lui dérober sa place au soleil et au festin nourricier du sillon : mais de reconnaître, d'assister, d'aimer les autres hommes ses semblables, et de leur appliquer cet instinct tout spiritualiste et tout moral de la justice législative incréée, qui invente et qui sanctionne toute société par une force morale mille fois plus forte que la force législative, la conscience, et dont toute violation est crime, dont toute observation est vertu!»

Devoir de donner la vie de chacun pour la défense et le salut de tous dans cette société de familles associées devenues patries par cette loi spiritualiste du dévouement si contraire à la loi de l'égoïsme des législateurs athées; devoir du sacrifice de la vie même à ceux de ses sem-

blables qui ne sont pas encore nés; devoir sur-
naturel que les hommes appellent héroïsme, et
que Dieu appelle sainteté !

Voyez comme vous êtes déjà loin de la
société utilitaire et du contrat social de la
chair avec la chair de J.-J. Rousseau, et des
droits de l'homme! Voyez comme le spiritualisme social se dégage déjà de la matière, et
comme le véritable contrat social de la nature
se spiritualise et se divinise en découvrant, non
pas dans le corps humain, mais dans l'âme humaine, l'origine, le titre, l'objet, et la fin de
la société politique!

Un devoir social, au lieu d'un droit brutal,
sort de chacun des instincts primitifs de
l'homme social, à mesure qu'il a besoin de lois
plus nombreuses et plus morales pour ses rapports plus multipliés avec les autres hommes;
au lieu d'être un droit, chacune de ces lois
s'appelle un devoir.

Devoir de l'ordre qui lui fait personnifier

l'autorité *divine* de la nature, ici dans une monarchie, ici dans une république, ici dans une magistrature élective, ici dans des pouvoirs héréditaires; ici dans ces différentes forces combinées, mais toutes imposant un même devoir de commander et d'obéir pour le bien de tous, sauf la tyrannie et l'usurpation de l'ambition et du crime dans un seul ou dans le nombre, qui sont la violation de la loi spiritualiste et du devoir, punie par l'anarchie et la servitude.

Devoir d'obéir aux lois promulguées par l'autorité législative même quand ces lois nous commandent de mourir pour la société civile ou politique !

Devoir d'accomplir en conscience toutes les prescriptions du gouvernement de la nation à mesure que le gouvernement chargé du droit de commander par tous et pour tous, a besoin de promulguer des lois nouvelles pour des besoins nouveaux de la société personnifiée en lui.

15.

XII

Quel que soit le rang que l'on occupe dans la hiérarchie sociale, devoir de respecter dans tous ses semblables, en haut l'autorité, inégalité légale, en bas la dignité de l'âme de tous, égalité divine.

Partout la fraternité en action imposant aux forts la tutelle des faibles, aux riches la responsabilité des pauvres par l'assistance, obligatoire quoique volontaire, du travail et de la charité.

L'énumération de tous ces devoirs sociaux dont le *Contrat social* selon l'esprit a fait des devoirs ne finirait pas; je m'arrête.

Je m'engagerais à parcourir ainsi avec vous,
un à un, tous les instincts en apparence les
plus physiques de l'homme venant en ce
monde, et de vous amener à découvrir avec
une évidence solaire, dans chacun de ces instincts élémentaires, la source, le titre divin, la
révélation irréfutable du vrai contrat social :
souveraineté divine manifestée par la souveraineté de la nature, et imposant aux hommes
de tous les âges et de tous les pays le contrat
social de la moralité et de la vertu, la politique
du devoir au lieu de la politique du droit, le
gouvernement pour l'âme au lieu du gouvernement pour les besoins, le progrès aboutissant à l'immortalité et à Dieu par la vertu au
lieu du progrès partant de la chair et aboutissant à la chair.

Le droit de l'homme est bien plus haut
placé; ce n'est pas seulement le droit à l'égalité et à sa part de vie ici-bas; c'est le droit
à la vertu et à sa part d'immortalité dans

l'immortalité de la race, qui n'est mortelle qu'ici-bas.

Voilà le *contrat social* du spiritualisme. Les publicistes qui donnent des définitions orgueilleuses et abjectes du droit de l'homme, n'ont oublié que ceux-là : le droit d'accomplir des devoirs, le droit d'être vertueux, le droit d'être immortel.

Relevons nos fronts trop humiliés : nous valons mieux que cela.

XIII

Cessons de rechercher le faux principe de la
société politique dans la souveraineté des
trônes, despotisme; dans la souveraineté des
castes, aristocratie; dans la souveraineté du
peuple, anarchie et tyrannie à la fois. Ce ne
sont ni les despotes, ni les aristocrates, ni les
démocrates, qui ont créé le divin phénomène
de la société politique; ce ne sont ni les dynasties, ni les théocraties, ni les autocraties,
ni les démocraties, qui peuvent sanctifier en
elles le titre au commandement humain, divin,
aristocratique ou populaire, à la souveraineté,

à l'organisation, à la conservation, au perfectionnement de la société politique. La société
politique est organique, elle naît avec l'homme,
elle a sa révélation dans nos instincts, elle
procède d'une seule souveraineté, la souveraineté de notre nature. Elle n'a pas pour objet
seulement la perpétuation de l'espèce humaine
par la vile satisfaction des besoins du corps humain sur cette terre; mais elle a pour but
surhumain la grandeur et la glorification de
l'âme humaine par la vertu.

Le travail de l'homme terrestre pour le pain
du jour, c'est la vertu du corps humain; le
travail de la société politique en vue de Dieu
et de l'immortalité, c'est la vertu de l'âme humaine.

Ce double travail, également nécessaire,
quoique inégalement rétribué, Dieu l'exige de
l'homme comme être corporel, et de la société
politique comme être moral.

Et pourquoi l'exige-t-il?

Parce que la société politique ne se compose
pas seulement de corps qui produisent, qui
consomment, qui vivent et qui meurent en-
sevelis dans le sillon qui les a nourris; mais
parce que la société morale se compose avant
tout d'une âme immortelle dont la destinée immortelle est de rendre gloire à son Créateur
en se perfectionnant, et en se sanctifiant éternellement devant lui.

Les sens corporels révèlent forcément à
l'homme les besoins corporels que la société
civile l'aide à satisfaire ici-bas.

La conscience, ce sens invisible, mais absolu,
de la vertu et de la moralité, révèle aussi forcément à l'homme intellectuel les besoins de
son âme pour satisfaire à ses aspirations divines dè perfectionnement moral et d'immortalité. La société politique ne peut pas, sans
s'avilir, se borner à aider l'homme à vivre dans
son corps : elle doit l'aider surtout à perfectionner son âme, à renaître plus parfait par

une vie plus sainte, à vivre de devoirs et à re-vivre éternellement de félicité.

Voilà pourquoi toute loi qui n'est pas vertu n'est pas loi. Dieu ne sanctionne que cè qui est divin. Il n'y a point de souveraineté dans la force, le commandement est tyrannique et l'o-béissance est lâcheté ; ce *contrat social* entre l'i-niquité et la servitude, même quand il produit l'ordre apparent, n'est que le désordre suprême. Dieu ne peut être appelé en témoignage pour le ratifier ; la moitié meilleure de ce qui fait l'homme y manque : son âme n'y est pas ! c'est la société politique de la hache et du bil-lot. Le *Contrat social* de J.-J. Rousseau mène directement à ces emblêmes ; le commandement est le crime, et l'obéissance est la mort.

Honte et exécration sur un tel *contrat social!* honte parce qu'il est servile, exécration parce qu'il est odieux.

XIV

Et pitié aussi, parce qu'il est sophisme et
qu'il borne la société politique à une sorte d'association commerciale pour cette courte vie,
où le gouvernement, purement mécanique et
industriel, n'a qu'à surveiller les parts de subsistance et de bien-être entre des hommes qui
ne vivent qu'à demi et qui meurent tout entiers.
De ces deux moitiés de l'homme, ils ont, dans
leur acte de société, oublié la principale : l'AME,
et sa destinée immortelle et infinie.

Combien le véritable *contrat social* est supérieur, en vérités et en dignité morale, à ce
pacte de la chair avec les sens !

XV

Ce pacte de la société vraie, le voici :

Dieu a créé l'homme corps et âme, à la fois;

Corps, pour s'exercer ici-bas comme un apprenti de la vie terrestre à la vie céleste, qui sera dégagée des sens et des temps.

Il a donné à l'homme, en le créant, les instincts innés qui le forcent à vivre en société politique, parce que la société politique est le moyen de perfectionner l'individu en élargissant sa sphère par la famille, l'État, l'humanité, cette trinité de devoirs.

Ce perfectionnement de l'homme par la société civile et politique s'accomplit, pour le corps, par le développement des industries matérielles, des moyens, des forces, des découvertes qui ont la vie terrestre pour fin. C'est la civilisation des sens, beau phénomène, mais phénomène court comme le temps, borné comme l'espace, fini comme la poussière organisée, périssable comme la mort.

Il a donné à l'homme une âme pour communiquer par la pensée avec Dieu, son créateur, et pour perfectionner cette âme par la vertu, travail surhumain de l'humanité mortelle dont la vie immortelle est le salaire dans un temps qui ne finit pas, c'est-à-dire dans l'éternité rémunératrice.

La société politique et civile est le milieu composé de devoirs mutuels dans lequel l'homme trouve à exercer son âme militante et perfectible à cette vertu dont la société vit, mais dont le mérite ne finit pas ici-bas; c'est la civilisation spiritualiste de l'âme humaine.

Le *contrat social* matérialiste de J.-J. Rousseau et de ses disciples ne promet à l'humanité
que des biens matériels et quelques souffran-
ces égales pour tous, des luttes pour ou contre
une souveraineté sans cesse imposée par les
tyrans, sans cesse reconquise par les peuples;
des droits qui ne reposent que sur des révoltes
de tous contre tous, et qui ne sont contre-si-
gnées qu'avec du sang, des métiers ou des arts
tout manuels; des lois toutes égalitaires pour
consoler au moins le malheur de chacun par le
niveau du malheur commun, puis la mort ense-
velissant une société de poussière vivante dans
une poussière morte. Voilà tout : est-ce là beaucoup plus que le néant? Le bonheur de vivre
vaut-il, pour une pareille société, la peine de
mourir?

XVI

Notre *contrat social*, à nous, le *contrat social*
spiritualiste, au contraire, celui qui cherche
son titre en Dieu, qui s'incline devant la souveraineté de la nature, celui qui ne se reconnaît d'autre droit, que dans ce titre magnifique et plus noble que toutes les noblesses, de
fils de Dieu, égal par sa filiation et par son héritage à tous ses frères de la création, celui qui
ne croit pas que tout son héritage soit sur ce
petit globe de boue, celui qui ne pense pas que
l'empire de quelques millions d'insectes sur
leur fourmilière, renversant ou bâtissant d'au-

tres fourmilières, soit le but d'une âme plus
vaste que l'espace et que Dieu seul peut con-
tenir ou rassasier; celui qui croit, au contraire,
à l'efficacité de la moindre vertu exercée envers
la moindre des créatures en vue de plaire à son
Créateur, celui qui place tous les droits de
l'homme en société dans ses devoirs accomplis
envers ses frères; celui qui sait que la société
politique ne peut vivre, durer, se perfectionner en justice, en égalité, en durée, que par
le dévouement volontaire de chacun à tous,
dévouement du père au fils, de la femme à
l'époux, du fils au père, des enfants à la famille, de la famille à l'État, du sujet au prince,
du citoyen à la république, du magistrat à la
patrie, du riche au pauvre, du pauvre au riche, du soldat au pays, de tout ce qui obéit
à tout ce qui commande, de tout ce qui commande à tout ce qui obéit, et, plus haut encore
que cet ordre visible, celui qui conforme,
autant qu'il le doit et qu'il le peut, sa volonté

religieuse à cet ordre invisible, à ce principe
surhumain que la Divinité (quel que soit son
nom dans la langue humaine) a gravé dans
le code, dans la conscience, table de la loi suprême; celui qui sait que, sous cette législation
des devoirs volontaires qu'on nomme avec raison *force* ou *vertu*, il n'y a ni Platon, ni J.-J.
Rousseau, ni chimères, ni violences, ni tyrannies, ni multitudes, ni satellites, ni armées, ni
bourreaux qui puissent faire prévaloir la société
purement matérialiste sur la société spiritualiste, où le commandement est divin, où l'absten-
tion est vertu; ce contrat social est, disons-nous,
indépendamment de ce qu'il est plus vrai, mille
fois plus digne du légitime orgueil, du saint orgueil de la race humaine : car il croit fermement
(et il a raison de croire) que le contrat social qui
commence sur la terre par des individus isolés,
sans défense contre les éléments, par des hordes, par des tribus, par des républiques, par
des empires, par des révolutions qui brisent

ou qui restaurent des nations, n'est ni toute la
fin, ni toute la destinée probable de la civilisation divine, ni toute la pensée du Créateur,
ni tout le plan infini de Dieu dans sa création
de l'homme en société.

Car il croit que Dieu n'a pas borné à ces
phénomènes d'agglomération, de révolution,
de progrès matériel, de décadence, de disso-
lution et de disparition, les destinées de cette
noble catégorie d'êtres appelés hommes; que
ces êtres ne sont pas bornés dans tous leurs dé-
veloppements par la tombe; mais que le vrai
contrat social, celui dont l'âme de l'humanité
est l'élément, celui dont la vertu est le mobile,
celui dont le devoir est la législation, celui
dont Dieu lui-même est le souverain, le spec-
tateur et la récompense, que ce contrat social,
interrompu ici à chaque génération par la
mort, ne se résilie pas dans la poussière de ce
globe.

Au contraire, il se renoue, se recompose et se

développe indéfiniment plus haut de vertu en vertu, de sainteté en sainteté, de grandeur en grandeur, dans une société toujours croissante et toujours multipliante, pour multiplier les adorations par les adorateurs, les forces par les facultés, les vertus par les œuvres, dans cette échelle ascendante par laquelle monta le Jacob symbolique, et qui rapproche du Dieu de vie ses hiérarchiques créations!

En un mot, le vrai contrat social, au lieu de donner pour fin à la société mortelle la mort, donne pour fin à la société spiritualiste sur la terre le sacrifice, et pour fin à la société divinisée après la vie l'immortalité!

Voilà ma foi politique.

LAMARTINE.

P. S. La trop grande étendue que j'ai été obligé de donner à l'Entretien précédent me force à restreindre celui-ci et à m'arrêter là de peur de fatiguer le lecteur de métaphysique

sociale. Je reviendrai sur ces aberrations de
J.-J. Rousseau, philosophe social. Quant à sa
philosophie religieuse, dont la profession de
foi du *Vicaire savoyard* est le sublime por-
tique, c'est une des plus éloquentes protesta-
tions contre l'athéisme ou l'irréligion qui ait
jamais été écrite par une main d'homme. Quand
nous traiterons de la philosophie, nous re-
viendrons sur ce bel exorde de religion dite
naturelle. J.-J. Rousseau s'élève, dans cette
contemplation lyrique de la Divinité et de la
morale, mille fois au-dessus des philosophes
impies ou matérialistes du dix-huitième siècle.
Le christianisme même lui doit ici de la reconnaissance, car, s'il est dans quelques parties
incrédule sur la lettre de ses dogmes, il est
croyant à sa sainteté. C'est une aurore boréale
de l'Évangile : il ne le voit pas, mais il le réper-
oute. C'est la raison évangélisée.

XVII

Par une circonstance bien étrange, pendant que je m'entretenais avec vous des erreurs politiques et des essais théologiques de J.-J. Rousseau dans l'*Émile*, un livre paraissait, un des livres que les *curieux* de littérature et de philosophie accueillent comme une bonne fortune de bibliothèque, parce qu'il leur révèle comme en confidence les secrets du métier de la littérature.

Ce livre, par un homme de pensée libre, d'instruction variée, de goût sûr, de recherches patientes, M. Sayous, est intitulé : *le Dix-huitième Siècle à l'étranger.*

C'est une histoire coloniale de l'esprit français dans toute l'Europe, pendant que l'esprit français rayonnait de Paris sur le monde quelques années avant qu'il fît explosion par la Révolution française. M. Sayous est là, pour le dire sans l'offenser, un statisticien moral, un fureteur de génie épiant et découvrant le beau et le bon dans tous ces recoins de l'Europe où de petits cénacles littéraires, français de langue et d'esprit, depuis Copenhague, Pétersbourg, Berlin, Dresde, jusqu'à Lausanne, Coppet, Ferney, Genève (il aurait pu y ajouter Turin et Chambéry, colonie des deux frères de Maistre, l'un naturel et arcadien, l'autre emphatique et olympien), devaient bientôt appeler l'attention sur leur nom et sur leurs œuvres.

M. Sayous donc furète avec beaucoup de loyauté et beaucoup de bonheur ces découvertes dans tous ces recoins du monde français, et nous fait des portraits fins, vrais, originaux, critiques, de toutes ces figures d'hommes et de

femmes qui gravitaient en ce temps-là dans la
sphère de l'esprit français, de la langue française et de la philosophie française.

Or, savez-vous ce qu'il découvre très-inopi-
nément pour nous, à Genève, en recherchant
les sources de J.-J. Rousseau, car toute grande
individualité à ses sources? Il découvre une
femme, une jeune fille, une belle sibylle des
Alpes, une théologienne de vingt ans, une pro-
phétesse de raison et d'instruction, qui prophétise à demi-voix et qui prophétise quoi? La
profession de foi du *Vicaire savoyard*. C'était
dans l'air. Rousseau l'écoute, il retient; il
s'inspire, et il écrit. Qui se serait douté de cette
Égérie cachée dans les grottes du lac Léman,
derrière ce philosophe misanthrope de la rue
Plâtrière, à Paris?

Or voici tout le mystère :

Il y avait à Genève une de ces familles cosmo-
polites qui apportent, partout où elles vivent,
un caractère et une physionomie multiples,

16.

saillants, originaux comme l'empreinte des différentes contrées où ces familles ont eu leurs haltes et leur origine. C'était la famille si connue des Huber. Sortis de la noblesse féodale du Tyrol, illustres dans la chevalerie tudesque de la Souabe, ils étaient devenus patriciens de Berne, et s'étaient alliés à Rome avec la maison princière des Ludovisi, démembrée en branches éparses entre Schaffhouse, Lyon, Genève.

Cette famille, de génies divers, avait acquis aussi divers genres de célébrités. La littérature légère, la philosophie éclectique, les sciences naturelles, les arts, la société intime avec Voltaire, Rousseau, plus tard avec les de Maistre de Savoie, avec madame de Staël, avaient encore illustré les Huber. Les mémoires du temps rappellent à toutes les pages leur nom à propos de leur familiarité avec les grandes figures de Genève, de Paris, de Berlin, de Londres, de Coppet; ils étaient chez eux partout par droit de bienvenue, de bon goût, d'intimité avec les célébrités européennes. Un de leurs descendants, héritier de leur naturalisation universelle, le colonel Huber, à la fois homme de guerre, homme de lettres volontaire, diplomate dans l'occasion, poëte quand il se souvient de ses Alpes, romancier quand il se rappelle madame de Montolieu ou madame de Staël, habite encore aujourd'hui tantôt Paris, tantôt une délicieuse retraite philosophique au bord de ce lac Léman, site préféré de cette famille.

XVIII

Or, de cette famille nomade et féconde en toutes espèces d'originalités inattendues, était née à Lyon, en 1695, Marie Huber. A l'âge de dix-huit ans elle avait à Lyon la célébrité des yeux, la beauté. Tout lui souriait du côté du monde : elle détourna son âme et ne voulut regarder que du côté du ciel. Elle renonça au mariage pour garder toutes ses pensées à Dieu. L'abbé Pernetti, l'historien des célébrités de Lyon, raconte que le peuple de cette ville l'appelait la Sainte.

La solitude rendit son esprit indépendant, effet ordinaire et naturel d'une méditation solitaire. A trente-six ans elle prit la plume et elle écrivit ses pensées sur le sujet qui occupait le plus sa vie, la religion. Elle crut reconnaître que ce qui écartait le plus d'âmes religieuses de la pratique de tel ou tel culte, c'étaient le nombre et la littéralité des dogmes. Elle résolut, non de les nier, mais de les tourner, et de montrer une voie générale de salut, qui fît marcher au ciel par toutes les voies; elle n'écartait pas le christianisme, elle l'ouvrait plus large à plus de fidèles ; elle considérait le Christ comme l'Homme-Dieu qui, participant à toute la nature humaine pour la réhabiliter en lui, fut affranchi de tout ce que l'humanité a de vicieux, rédempteur dont l'humanité aurait pu se passer si elle avait conservé sa pureté originelle et la religion naturelle bien gravée dans sa conscience. Elle entreprenait donc, conformément à cette idée, de faire luire de nouveau cette sainteté primitive et naturelle dans les cœurs de tous les hommes.

Ce fut là, dit M. Sayous son biographe, l'objet de son livre intitulé *la Religion essentielle à tous les hommes*, livre dont Voltaire eut connaissance et dont il parle avec estime, livre qui fut communiqué à J.-J. Rousseau, et dont, selon M. Sayous, il tira la doctrine supérieure et conciliatrice de sa profession de foi du *Vicaire savoyard*.

Ce serait ainsi qu'une femme inspirée, une sainte Thérèse d'une religion pacifique et unanime, aurait à son insu laissé dans l'âme du philosophe sceptique et mobile de Genève la pensée de ce christianisme primitivement révélé par la conscience, encore sans ombre, à l'humanité, et destiné à réconcilier toutes les morales, tous les schismes et tous les cultes de l'esprit dans une lumière, dans une adoration et dans une charité communes.

Nous n'affirmons pas cette filiation de la profession de foi de J.-J. Rousseau; nous la donnons comme une de ces curiosités littéraires qui ont de la vraisemblance plus qu'elles n'ont de certitude. Mais le génie à tâtons de J.-J. Rousseau, flottant à cette époque entre le christianisme réformé, le catholicisme adopté, puis répudié, le calvinisme de son enfance professé de nouveau, l'illuminisme germanique effleuré, et le scepticisme philosophique si voisin de l'athéisme, longtemps fréquenté à Paris dans l'intimité de Diderot, de d'Holbach, de Grimm, pouvait fort bien se réfugier, pour son repos, dans cet éclectisme chrétien de mademoiselle Huber qui donnait satisfaction aux diverses aspirations de sa nature, et qui lui servait de thème pour cet hymne magnifique de Platon des Alpes connu sous le nom de profession de foi du *Vicaire savoyard*. Les calvinistes de Genève ne s'élevèrent pas avec moins de fureur contre le traité de paix que leur offrait mademoiselle Huber, que contre le symbole pacificateur que leur proposait J.-J. Rousseau. Les deux livres eurent les mêmes

ennemis ; car les schismes en religion n'ont
seulement besoin de croire, ils ont besoin
combattre ; les pacificateurs sont les premi
persécutés en religion comme en politiq
L'Évangile dit : « Heureux les pacifiques ! »
monde dit : « Malheur aux modérés ! »

J.-J. Rousseau, dans ce livre, fut un Giron
de la philosophie.

FIN

HIPPOLYTE CASTILLE

CHAMPFLEURY

LOUISE

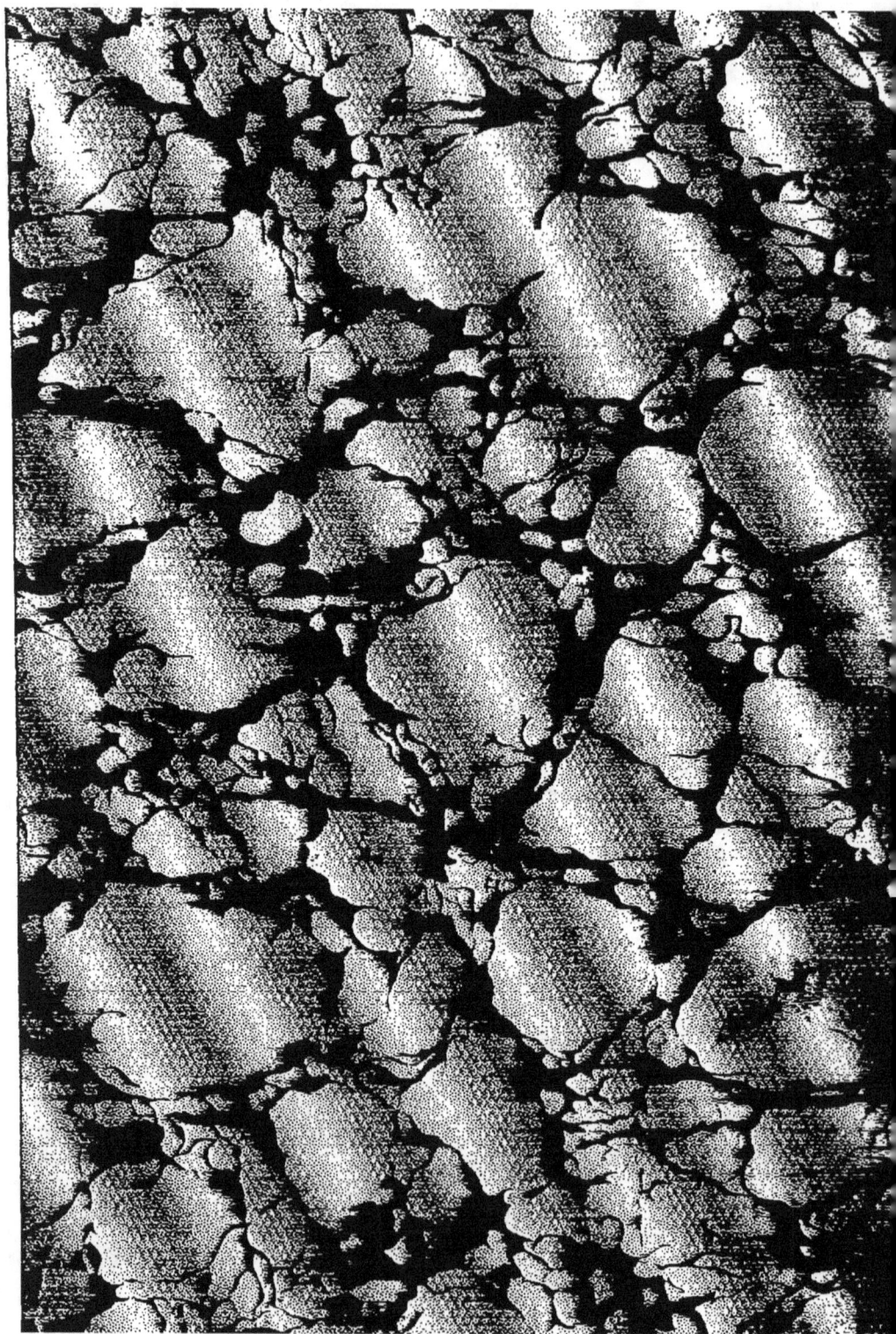

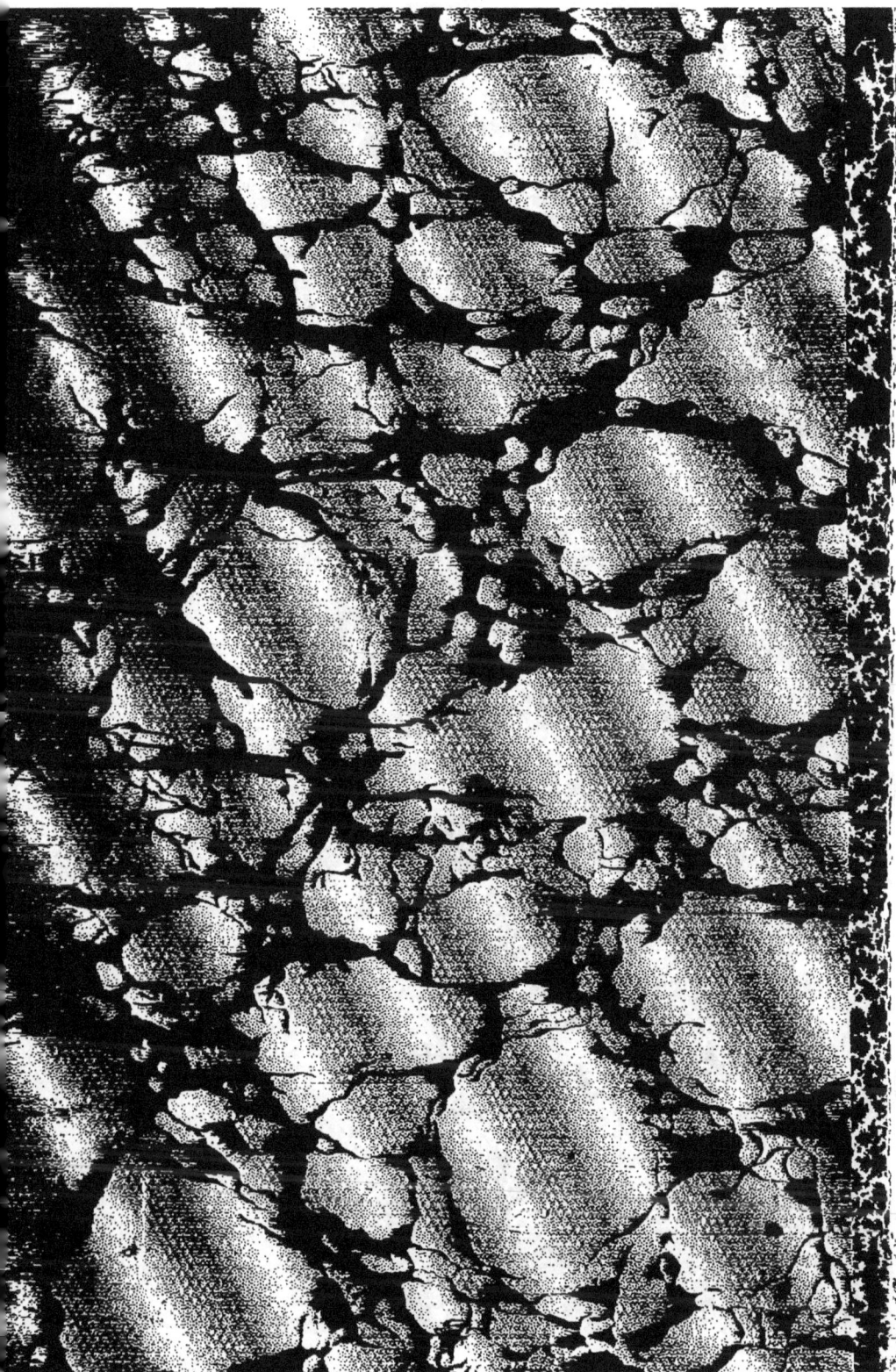